AF389293

FONDERIE

DE

PINET ET CIE

A LYON.

ÉPREUVES

DES

CARACTÈRES D'IMPRIMERIE

DE LA FONDERIE

DE

PINET ET C.ie

Quai St. Antoine, 31,

A LYON.

IMPRIMERIE DE LOUIS PERRIN.

1844

PREMIÈRE SÉRIE

DES

CARACTÈRES ORDINAIRES

DE

Pinet et Cie,

GRAVEURS ET FONDEURS,

Quai Saint-Antoine, 31,

LYON.

IMPRIMERIE DE LOUIS PERRIN, RUE D'AMBOISE, 6.

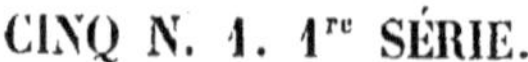

Ego multos homines excellenti animo atque virtute fuisse , et sine doctrina , naturæ ipsius habitu prope divino , per scipsos et moderatos et graves exstitisse fateor: etiam illud adjungo , sæpius ad laudem atque virtutem naturam sine doctrina quam sine natura valuisse doctrinam. Atque idem ego contendo , cum ad naturam eximiam atque illustrem accesserit ratio quædam conformatioque doctrinæ : tum illud nescio quid præclarum ac singulare solere existere. Ex hoc esse hunc numero , quem patres nostri viderunt divinum hominem Africanum : ex hoc C. Lælium , L. Furium , moderatissimos homines et continentissimos : ex hoc fortissimum virum , et illis temporibus doctissimum, M. Catonem illum senem: qui profecto, si nihil ad percipiendam colendamque virtutem litteris adjuvarentur , nunquam se ad earum studium contulissent. Quod si non hic tantus fructus ostenderetur et si ex his studiis delectatio sola peteretur , tamen , ut opinor , hanc animi remissionem humanissimam ac liberalissimam judicaretis. Nam cæteræ neque temporum sunt , neque ætatum omnium , neque locorum : hæc studia adolescentiam alunt , senectutem oblectant , secundas res ornant , adversis perfugium ac solatium præbent , delectant domi , non impediunt foris , pernoctant nobiscum , perigrinantur , rusticantur. Quod si ipsi hæc neque attingere , neque sensu nostro gustare possemus , ea mirari deberemus , cum aliis has omnes res videremus. Quis nostrum tam animo agresti ac duro fuit ut Roscii morte nuper non commoveretur ?

Quoties ego Archiam vidi, Judices, quoties ego hunc vidi, cum litteram scripsisset nullam, magnum numerum opimorum versuum , de ipsis rebus quæ tum agerentur , dicere ex tempore ? Quoties revocatum eamdem rem dicere , commutatis verbis , atque sententiis ? Quæ vero curate cogitateque scripsisset , ea sic vidi probari , ut ad scriptorum laudem veterum pervenirent. Hunc non ego diligam ? non admirer ? non omni ratione defendendum putem ? Atqui sic a summis hominibus , eruditissimisque accepimus , cæterarum rerum studia , et doctrina , et præceptis , et arte constare: poetam natura ipsa valere , et mentis viribus excitari , et quasi divino quodam spiritu inflari. Quare suo jure noster ille Ennius sanctos appellat poetas, quod quasi deorum aliquo dono atque munere commendati nobis omni tempore simul esse videantur : sit igitur , Judices , sanctum apud vos , humanissimos homines , illud poetæ nomen , quod nulla unquam barbaria violavit : sava et solitudines voci respondent : bestiæ sæpe immanes cantu flectuntur , atque consistunt : nos instituti rebus optimis non poetarum voce semper moveamur ? Homerum Colophonii civem.

EUROPE. ASIE. AFRIQUE. AMERIQUE. OCEANIE.

ITALIQUE.

Tamen hanc animi remissionem , humanissimam ac liberalissimam judicaretis. Nam cætera neque temporum sunt , neque ætatum omnium , neque locorum : hæc studia adolescentiam alunt , senectutem oblectant , secundas res ornant , adversis perfugium ac solatium præbent , delectant domi , non impediunt foris , pernoctant nobiscum , peregrinantur , rusticantur. Quod si ipsi neque hæc attingere , neque sensu nostro gustare possemus, ea mirari deberemus , cum videremus. Quis nostrum tam animo agresti ac duro fuit.

Ego multos homines excellenti animo ac virtute fuisse , et sine doctrina , naturæ ipsius habitu prope divino , per seipsos et moderatos , et graves exstitisse fateor : etiam illud adjungo , sæpius ad laudem atque virtutem naturam sine doctrina , quam sine natura valuisse doctrinam. Atque idem ego contendo , cum ad naturam eximiam atque illustrem accesserit ratio quædam , conformatioque doctrinæ : tum illud nescio quid præclarum ac singulare solere existere. Ex hoc esse hunc numero , quem nostri patres viderunt , divinum hominem , Africanum : ex hoc C. Lælium , L. Furium , moderatissimos homines et continentissimos : ex hoc fortissimum virum , et illis temporibus doctissimum , M. Catonem illum senem : qui profecto , si nihil ad percipiendam colendamque virtutem litteris adjuvarentur , nunquam se ad earum studium contulissent. Quod si non hic tantus fructus ostenderetur , et si ex his studiis delectatio sola peteretur : tamen , ut opinor , hanc animi remissionem humanissimam ac liberalissimam judicaretis. Nam cæteræ neque temporum sunt, neque ætatum omnium , neque locorum: hæc studia adolescentiam alunt , senectutem oblectant , secundas res ornant , adversis perfugium ac solatium præbent , delectant domi , non impediunt foris , pernoctant nobiscum , peregrinantur , rusticantur. Quod si ipsi hæc neque attingere , neque sensu nostro gustare possemus , tamen ea mirari deberemus , etiam cum aliis has omnes res ipsi persæpe videremus. Quis nostrum tam animo agresti ac duro fuit, ut Roscii morte nuper non commoveretur : qui cum esset senex mortuus , tamen propter excellentem artem ac venustatem , videbatur mori non debuisse.

Ergo ille corporis motu tantum amorem sibi conciliarat a nobis omnibus : nos animorum incredibiles motus , celeritatemque ingeniorum negligemus . Quoties ego hunc Archiam vidi , Judices , quoties ego hunc vidi , cum litteram scripsisset nullam , magnum numerum optimorum versuum de his ipsis rebus , quæ tum agerentur , dicere ex tempore : quoties revocatum eamdem rem dicere , commutatis verbis , atque sententiis : Quæ vero accurate cogitateque scripsisset , ea sic vidi probari , ut ad veterum scriptorum laudem pervenirent. Hunc non ego diligam : non admirer : non omni ratione defendendum putem. Atqui sic a summis hominibus , eruditissimisque accepimus , cæterarum rerum studia , et doctrina , et præceptis , et arte constare. Poetam natura ipsa valere , et mentis viribus excitari , quasi divino quodam spiritu inflari . Quare suo jure noster ille Ennius sanctos appellat poetas , quod quasi deorum aliquo dono atque munere commendatis nobis esse videantur.

TOURNON. FOIX. AUCH. MOULINS. RIOM.

ITALIQUE.

Tamen , hanc animi remissionem humanissimam ac liberalissimam judicaretis. Nam cæteræ neque temporum sunt, neque ætatum omnium , neque locorum : hæc studia adolescentiam alunt, senectutem oblectant, secundas res ornant, adversus perfugium ac solatium præbent, delectant domi, non impediunt foris, pernoctant nobiscum, peregrinantur, rusticantur. Quod si ipsi hæc neque attingere, neque sensu nostro gustare possemus.

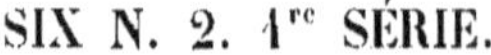

Ego multos homines excellenti animo ac virtute fuisse, et sine doctrina, naturæ ipsius habitu prope divino, per seipsos et moderatos et graves exstitisse fatear : etiam illud adjungo, sæpius ad laudem atque virtutem naturam sine doctrina, quam sine natura valuisse doctrinam. Atque idem ego contendo, cum ad naturam eximiam atque illustrem accesserit ratio quædam, conformatioque doctrinæ : tum illud nescio quid præclarum ac singulare solere existere. Ex hoc esse hunc numero, quem patres nostri viderunt, divinum hominem Africanum : ex hoc C. Lælium, L. Furium, moderatissimos homines et continentissimos : ex hoc fortissimum virum, et illis temporibus doctissimum, M. Catonem illum senem : qui profecto, si nihil ad percipiendam colendamque virtutem litteris adjuvarentur, nunquam se ad earum studium contulissent. Quod si non hic tantus fructus ostenderetur, et si ex his studiis delectatio sola peteretur.

Tamen, hanc animi remissionem humanissimam ac liberalissimam judicaretis. Nam cæteræ neque temporum sunt, neque ætatum omnium, neque locorum : hæc studia adolescentiam alunt, senectutem oblectant, secundas res ornant, adversis perfugium ac solatium præbent, delectant domi, non impediunt foris, pernoctant nobiscum, peregrinantur, rusticantur. Quod si ipsi hæc neque attingere, neque sensu nostro gustare possemus, tamen ea mirari deberemus, etiam cum aliis has omnes res ipsi videremus.

Quis nostrum tam animo agresti ac duro fuit, ut Roscii morte nuper non commoveretur : qui cum esset senex mortuus, tamen, propter excellentem artem ac venustatem, videbatur omnino mori non debuisse. Ergo ille omnino mori non debuisse. Ergo ille corporis motu tantum amorem sibi conciliarat nobis omnibus : nos animorum incredibiles motus, celeritatemque ingeniorum negligemus. Quoties ego hunc Archiam vidi, Judices quoties ego hunc vidi, cum litteram scripsisset nullam, magnum numerum optimorum versuum de his ipsis rebus quæ tum agerentur, dicere ex tempore : quoties revocatum eamdem rem dicere, commutatis verbis, atque sententiis. Quæ vero accurate, cogitateque scripsisset, ea sic vidi probari, ut ad veterum scriptorum laudem pervenirent. Hunc non ego diligam, non admirer, non omni ratione defendendum putem. Atqui sic summis hominibus, eruditissimisque accepimus, cæterarum rerum studia, et doctrina, et præceptis, et arte constare : poetam natura ipsa valere.

PARIS. TOULON. MARSEILLE. LORIENT.

ITALIQUE.

Tamen, hanc animi remissionem humanissimam ac liberalissimam judicaretis. Nam cæteræ neque temporum sunt, neque ætatum omnium, neque locorum : hæc studia adolescentiam alunt, senectutem oblectant secundas res ornant, adversis perfugium ac solatium præbent, delectant dmoi, non impediunt foris, pernoctant nobiscum, peregrinantur, rusticantur. Quod si ipsi hæc neque attingere, neque sensu nostro gustare possemus.

Ego multos homines excellenti animo ac virtute fuisse, et sine doctrina, naturæ ipsius habitu prope divino, per seipsos et moderatos et graves exstitisse fateor : etiam illud adjungo, sæpius ad laudem atque virtutem naturam sine doctrina, quam sine natura valuisse doctrinam. Atque idem ego contendo, cum ad naturam eximiam atque illustrem accesserit ratio quædam conformatioque doctrinæ ; tum illud nescio quid præclarum ac singulare solere existere. Ex hoc esse hunc numero, quem patres nostri viderunt, divinum hominem, Africanum : ex hoc C. Lælium, L. Furium, moderatissimos homines et continentissimos : ex hoc fortissimum virum, et illis temporibus doctissimum, M. Catonem illum senem : qui profecto, si nihil ad percipiendam colendamque virtutem litteris adjuvarentur, nunquam se ad earum studium contulissent. Quod si non hic tantus fructus ostenderetur, et si ex his studiis delectatio sola peteretur ; tamen, ut opinor, hanc animi remissionem humanissimam ac liberalissimam judicaretis. Nam cæteræ neque temporum sunt, neque ætatum omnium, neque locorum ; hæc studia adolescentiam alunt, senectutem oblectant, secundas res ornant.

Quod si ipsi hæc neque attingere, neque sensu nostro gustare possemus, tamen ea mirari deberemus. Quis nostrum tam animo agresti ac duro fuit ut Roscii morte nuper non commoveretur ? qui cum esset senex mortuus, tamen, propter excellentem artem ac venustatem, videbatur omnino mori non debuisse. Ergo ille corporis motu tantum amorem sibi consiliarat a nobis omnibus ; nos animorum incredibiles motus, celeritatemque ingeniorum negligemus ? Quoties ego hunc Archiam vidi, Judices ; utar enim vestra benignitate, quoniam me in hoc novo genere dicendi tam diligenter attenditis. Quoties ego hunc vidi, cum litteram scripsisset nullam.

RIOM. TAIN. MOULINS. CLERMONT.

ITALIQUE.

Tamen, hanc animi remissionem humanissimam ac liberalissimam judicaretis. Nam cæteræ neque temporum sunt, neque ætatum omnium, neque locorum : hæc studia adolescentiam alunt, senectutem oblectant, secundas res ornant, adversis perfugium ac solatium præbent, delectant domi, non impediunt foris.

Ego multos homines excellenti animo ac virtute fuisse, et sine doctrina, naturæ ipsius habitu prope divino, per seipsos et moderatos, et graves exstitisse fateor : etiam illud adjungo, sæpius ad laudem atque virtutem naturam sine doctrina, quam sine natura valuisse doctrinam. Atque idem ego contendo, cum ad naturam eximiam atque illustrem accesserit ratio quædam conformatioque doctrinæ : tum illud nescio quid præclarum ac singulare solere existere. Ex hoc esse hunc numero, quem patres nostri viderunt, divinum hominem, Africanum : ex hoc C. Lælium, L. Furium, moderatissimos homines et continentissimos : ex hoc fortissimum virum, et illis temporibus doctissimum, M. Catonem illum senem : qui profecto, si nihil ad percipiendam colendamque virtutem litteris adjuvarentur, nunquam se ad earum studium contulissent. Quod si non hic tantus fructus ostenderetur, et si ex his studiis delectatio sola peteretur : tamen, ut opinor, hanc animi remissionem humanissimam ac liberalissimam judicaretis. Nam cæteræ neque temporum sunt, neque ætatum omnium, neque locorum : hæc studia adolescentiam alunt, senectutem oblectant, secundas res ornant, adversis perfugium ac solatium præbent, delectant domi, non impediunt foris, pernoctant nobiscum.

Quod si ipsi hæc neque attingere, neque sensu nostro gustare possemus, tamen ea mirari deberemus, etiam cum in aliis videremus. Quis nostrum tam animo agresti ac duro fuit, ut Roscii morte nuper non conmmoveretur? Qui cum esset senex mortuus, tamen propter excellentem artem ac venustatem, videbatur omnino mori non debuisse. Ergo ille corporis motu tantum amorem sibi conciliarat a nobis omnibus : nos animorum incredibiles motus, celeritatemque ingeniorum negligemus. Quoties hunc Archiam vidi, cum litteram scripsisset nullam, magnum numerum.

MELLE. EPINAL. MARNE. MAINE.

ITALIQUE.

Tamen, hanc animi remissionem humanissimam ac liberalissimam judicaretis. Nam cæteræ neque temporum sunt, neque ætatum omnium, neque locorum : hæc studia adolescentiam alunt, senectutem oblectant, secundas res ornant, adversis perfugium ac solatium præbent, delectant domi, non impediunt foris, pernoctant nobiscum, peregrinantur, rusticantur.

Ego multos homines excellenti animo ac virtute fuisse, et sine doctrina, naturæ ipsius habitu prope divino, per seipsos et moderatos et graves exstitisse fateor : etiam illud adjungo, sæpius ad laudem atque virtutem naturam sine doctrina, quam sine natura valuisse doctrinam. Atque idem ego contendo, cum ad naturam eximiam atque illustrem accesserit ratio quædam conformatioque doctrinæ : tum illud nescio quid præclarum ac singulare solere existere. Ex hoc esse hunc numero, quem patres nostri viderunt, divinum hominem, Africanum : ex hoc C. Lælium, L. Furium, moderatissimos homines et continentissimos. Ex hoc fortissimum virum et illis temporibus doctissimum, M. Catonem illum senem : qui profecto, si nihil ad percipiendam colendamque virtutem litteris adjuvarentur.

Nunquam se ad earum studium contulissent. Quod si non hic tantus fructus ostenderetur, et si ex his studiis delectatio sola peteretur : tamen, ut opinor, hanc animi remissionem humanissimam ac liberalissimam judicaretis. Nam cæteræ neque temporum sunt, neque ætatum omnium neque locorum : hæc studia adolescentiam.

MENDE, DIE, CAEN, AMAND.

ITALIQUE.

Tamen, hanc animi remissionem humanissimam ac liberalissimam judicaretis. Nam cæteræ neque temporum sunt, neque ætatum omnium neque locorum : hæc studia adolescentiam alunt, senectutem oblectant, secundas res ornant.

Ego multos homines excellenti animo ac virtute fuisse, et sine doctrina, naturæ ipsius habitu prope divino, per seipsos et moderatos et graves exstitisse fateor : etiam illud adjungo, sæpius ad laudem atque virtutem naturam sine doctrina, quam sine natura valuisse doctrinam. Atque idem ego contendo, cum ad naturam eximiam atque illustrem accesserit ratio quædam conformatioque doctrinæ : tum illud nescio quid præclarum ac singulare solere existere. Ex hoc esse hunc numero, quem patres nostri viderunt, divinum hominem, Africanum : ex hoc C. Lælium, L. Furium, moderatissimos homines et continentissimos : ex hoc fortissimum virum, et illis temporibus doctissimum, M. Catonem, illum senem : qui profecto, si nihil ad percipiendam colendamque virtutem litteris adjuvarentur, nunquam se earum studium contulissent. Quod si non hic tantus fructus ostenderetur, et si ex his studiis delectatio sola peteretur.

Nam cæteræ neque temporum sunt, neque ætatum omnium, neque locorum : hæc studia adolescentiam alunt, senectutem oblectant, secundas res ornant, adversis perfugium ac solatium præbent, delectant domi, non impediunt foris, pernoctant nobiscum, peregrinantur, rusticantur. Quod si ipsi hæc neque attingere, neque sensu nostro gustare possemus, tamen ea mirari deberemus.

TOULON, MARSEILLE, LORIENT, HONFLEUR.

ITALIQUE.

Tamen, hanc animi remissionem humanissimam ac liberalissimam judicaretis. Nam cæteræ neque temporum sunt, neque ætatum omnium, neque locorum : hæc studia adolescentiam alunt, senectutem oblectant, secundas res ornant, adversis perfugium ac solatium præbent, delectant domi.

Ego multos homines excellenti animo ac virtute fuisse, et sine doctrina, naturæ ipsius habitu prope divino, per seipsos et moderatos, et graves exstitisse fateor : etiam illud adjungo, sæpius ad laudem atque virtutem naturam sine doctrina, quam sine natura valuisse doctrinam. Atque idem ego contendo, cum ad naturam eximiam atque illustrem accesserit ratio quædam conformatioque doctrinæ : tum illud nescio quid præclarum ac singulare solere existere. Ex hoc esse hunc numero, quem patres nostri viderunt, divinum hominem, Africanum : ex hoc C. Lælium, L. Furium, moderatissimos homines et continentissimos : ex hoc fortissimum virum, et illis temporibus doctissimum, M. Catonem illum senem.

Quod si non hic tantus fructus ostenderetur, et si ex his studiis delectatio sola peteretur : tamen, ut opinor, hanc animi remissionem humanissimam ac liberalissimam judicaretis. Nam cæteræ neque temporum sunt, neque ætatum omnium, neque loco.

TOULON. MELUN. MAINE. CAEN.

ITALIQUE.

Tamen, hanc animi remissionem humanissimam ac liberalissimam judicaretis. Nam cæteræ neque temporum sunt, neque ætatum omnium, neque locorum : hæc studia adolescentiam alunt, senectutem oblectant.

Ego multos homines excellenti animo ac virtute fuisse, et sine doctrina, naturæ ipsius habitu prope divino, per seipsos et moderatos, et graves exstitisse fateor : etiam illud adjungo, sæpius ad laudem atque virtutem naturam sine doctrina, quam sine natura valuisse doctrinam. Atque idem ego contendo, cum ad naturam eximiam atque illustrem accesserit ratio quædam conformatioque doctrinæ : tum illud nescio quid præclarum ac singulare solere existere. Ex hoc esse hunc numero, quem patres nostri viderunt, divinum hominem, Africanum : ex hoc C. Lælium, L. Furium, moderatissimos homines et continentissimos : ex hoc fortissimum virum, et illis temporibus doctissimum.

Quod si non hic tantus fructus ostenderetur, et si ex his studiis delectatio sola peteretur : tamen ut opinor, hanc animi remissionem humanissimam ac liberalissimam judicaretis. Nam cæteræ neque temporum sunt, neque ætatum.

TOULON. AUTUN. AUCH. CAEN.

ITALIQUE.

Tamen, hanc animi remissionem humanissimam ac liberalissimam judicaretis. Nam cæteræ neque temporum sunt, neque ætatum omnium, neque locorum : hæc studia adolescentiam alunt.

Ego multos homines excellenti animo ac virtute fuisse, et sine doctrina, naturæ ipsius habitu prope divino , per seipsos et moderatos ,
et graves exstitisse fateor : etiam illud adjungo,
sæpius ad laudem atque virtutem naturam sine
doctrina, quam sine natura valuisse doctrinam.
Atque idem ego contendo, cum ad naturam eximiam atque illustrem accesserit ratio quædam,
conformatioque doctrinæ; tum illud nescio quid
præclarum ac singulare solere existere. Ex hoc
esse hunc numero quem patres nostri viderunt,
divinum hominem Africanum.

Ex hoc C. Lælium, L. Furium, moderatissimos homines et continentissimos : ex hoc fortissimum virum, temporibus illis doctissimum,
M. Catonem illum senem : qui profecto, si nihil
ad percipiendam colendamque virtutem.

MOLLE. LAC. FOC. LAON.

ITALIQUE.

Tamen, hanc animi remissionem, humanissi
mam ac liberalissimam judicaretis. Nam cæteræ
neque temporum sunt, neque ætatum omnium, ne
que locorum : hæc studia adolescentiam alunt.

Ego multos homines excellenti animo ac virtute fuisse, et sine doctrina, naturæ ipsius habitu prope divino, per seipsos et moderatos, et graves exstitisse fateor : etiam illud adjungo, sæpius ad laudem ac virtutem naturam sine doctrina, quam sine natura valuisse doctrinam. Atque idem ego contendo, cum ad naturam eximiam atque illustrem accesserit ratio quædam conformatioque doctrinæ.

Tum illud nescio quid præclarum ac singulare solere existere. Ex hoc esse hunc numero, quem patres nostri viderunt, divinum hominem Africanum.

HORACE. OTHON.

ITALIQUE.

Tamen, hanc animi remissionem humanissimam ac liberalissimam judicaretis. Nam, cæteræ neque temporum sunt, neque ætatum omnium.

DEUXIÈME SÉRIE

DES

CARACTÈRES ORDINAIRES

DE

𝔓inet et 𝕮ⁱᵉ,

GRAVEURS ET FONDEURS,

Quai Saint-Antoine, 31,

LYON.

IMPRIMERIE DE LOUIS PERRIN, RUE D'AMBOISE, 6.

Ego multos homines excellenti animo ac virtute fuisse, et sine doctrina, naturæ ipsius habitu prope divino, per seipsos et moderatos, et graves exstitisse fateor : etiam illud adjungo, sæpius ad laudem atque virtutem naturam sine doctrina, quam sine natura valuisse doctrinam. Atque idem ego contendo, cum ad naturam eximiam atque illustrem accesserit ratio quædam conformatioque doctrinæ : tum illud nescio quid præclarum ac singulare solere existere. Ex hoc esse hunc numero, quem patres nostri viderunt, divinum hominem, Africanum : ex hoc C. Lælium, L. Furium, moderatissimos homines et continentissimos : ex hoc fortissimum virum, et illis temporibus doctissimum, M. Catonem illum senem : qui profecto, si nihil ad percipiendam colendamque virtutem litteris adjuvarentur, nunquam se ad earum studium contulissent. Quod si non hic tantus fructus ostenderetur, et si ex his studiis delectatio sola peteretur : tamen, ut opinor, hánc animi remissionem humanissimam ac liberalissimam judicaretis. Nam cæteræ neque temporum sunt, neque ætatum omnium, neque locorum.

Quod si ipsi hæc neque attingere, neque sensu nostro gustare possemus, tamen ea mirari deberemus, etiam cum aliis has omnes res ipsi persæpe videremus. Quis nostrum tam animo agresti ac duro fuit, ut Roscii morte nuper non commoveretur ? qui cum esset senex mortuus, tamen, propter excellentem artem ac venustatem, videbatur omnino mori non debuisse. Ergo ille corporis motu tantum amorem sibi conciliarat a nobis omnibus : nos animorum incredibiles motus, celeritatemque ingeniorum.

TOULON. MARSEILLE. LORIENT. HONFLEUR.

ITALIQUE.

Tamen, hanc animi remissionem humanissimam ac liberalissimam judicaretis. Nam cæteræ neque temporum sunt, neque ætatum omnium, neque locorum : hæc studia adolescenciam alunt, senectutem oblectant, secundas res ornant, adversis perfugium ac solatium præbent, delectant domi, non impediunt foris.

Ego multos homines excellenti animo ac virtute fuisse, et sine doctrina, naturæ ipsius habitu prope divino, per seipsos et moderatos et graves exstitisse fateor : etiam illud adjungo, sæpius ad laudem atque virtutem naturam sine doctrina, quam sine natura valuisse doctrinam. Atque idem ego contendo, cum ad naturam eximiam atque illustrem accesserit ratio quædam, conformatioque doctrinæ : tum illud nescio quid præclarum ac singulare solere existere. Ex hoc esse hunc numero, quem patres nostri viderunt, divinum hominem, Africanum : ex hoc C. Lælium, L. Furium, moderatissimos homines et continentissimos : ex hoc fortissimum virum, et illis temporibus doctissimum, M. Catonem illum senem : qui profecto, si nihil ad percipiendam colendamque virtutem litteris adjuvarentur, nunquam se ad earum studium contulissent. Quod si non hic tantus fructus ostenderetur, et si ex his studiis delectatio sola peteretur : tamen, ut opinor, hanc animi remissionem humanissimam ac liberalissimam judicaretis. Nam cæteræ neque temporum sunt, neque ætatum omnium, neque locorum : hæc studia adolescentiam alunt, senectutem oblectant.

Quod si ipsi hæc neque attingere, neque sensu nostro gustare possemus, tamen ea mirari deberemus, etiam cum in aliis has omnes res ipsi videremus. Quis nostrum tam animo agresti ac duro fuit, ut Roscii morte nuper non commoveretur ? Qui cum esset senex mortuus, tamen, propter excellentem artem ac venustatem, videbatur omnino mori non debuisse. Ergo ille corporis motu tantum amorem sibi conciliarat a nobis omnibus : nos animorum incredibiles motus, celeritatemque ingeniorum negligemus.

TOULON, MARSEILLE, LORIENT, HONFLEUR.

ITALIQUE.

Tamen, hanc animi remissionem humanissimam ac liberalissimam judicaretis. Nam cæteræ neque temporum sunt, neque ætatum omnium, neque locorum : hæc studia adolescentiam alunt, senectutem oblectant, secundas res ornant, adversis perfugium ac solatium præbent, delectant domi, non impediunt foris.

Ego multos homines excellenti animo ac virtute fuisse , et sine doctrina, naturæ ipsius habitu prope divino, per se-ipsos et moderatos et graves exstitisse fateor: etiam illud adjungo, sæpius ad laudem atque virtutem naturam sine doctrina, quam sine natura valuisse doctrinam. Atque idem ego contendo, cum ad naturam eximiam atque illustrem accesserit ratio quædam conformatioque doctrinæ ; tum illud nescio quid præclarum ac singulare solere existere. Ex hoc numero , quem patres nostri viderunt , divinum hominem Africanum : ex hoc C. Lælium, L. Furium, moderatissimos homines et continentissimos : ex hoc fortissimum virum , et illis temporibus doctissimum, M Catonem illum senem : qui profecto , si nihil ad percipiendam colendamque virtutem litteris adjuvarentur, nunquam se ad earum studium contulissent. Quod si non hic tantus fructus ostenderetur, et si ex his studiis delectatio sola peteretur.

Tamen ut opinor hanc animi remissionem humanissimam ac liberalissimam judicaretis. Nam cæteræ neque temporum sunt, neque ætatum omnium , neque locorum ; hæc studia adolescentiam alunt, senectutem oblectant, secundas res ornant, adversis perfugium ac solatium præbent, delectant domi , non impediunt foris, pernoctant nobiscum , peregrinantur. Quod si ipsi hæc neque attingere neque sensu nostro gustare possemus, tamen ea mirari deberemus , etiam cum in aliis videremus. Quis nostrum tam animo agresti ac duro fuit.

TOULON. MARSEILLE. LORIENT. HONFLEUR.

ITALIQUE.

Tamen, hanc animi remissionem humanissimam ac liberalissimam judicaretis. Nam cæteræ neque temporum sunt , neque ætatum omnium, neque locorum : hæc studia adolescentiam alunt, senectutem oblectant, secundas res ornant, adversis perfugium ac solatium præbent, delectant domi, non impediunt foris.

Ego multos homines excellenti animo ac virtute fuisse, et
sine doctrina, naturæ ipsius habitu prope divino, per seipsos
et moderatos et graves exstitisse fateor : etiam adjungo, sæpius ad laudem atque virtutem naturam sine doctrina, quam
sine natura valuisse doctrinam. Atque idem ego contendo,
cum ad naturam eximiam atque illustrem accesserit ratio
quædam conformatioque doctrinæ : tum illud nescio quid
præclarum ac singulare solere existere. Ex hoc esse hunc
numero, quem patres nostri viderunt, divinum hominem
Africanum : ex hoc C. Lælium, L. Furium, moderatissimos
homines et continentissimos : ex hoc fortissimum virum, et
illis temporibus doctissimum, M. Catonem illum senem :
qui profecto, si nihil ad percipiendam colendamque virtutem litteris adjuvarentur, nunquam se ad earum studium
contulissent. Quod si non hic tantus fructus ostenderetur,
et si ex his studiis delectatio sola peteretur.

Tamen, ut opinor, hanc animi remissionem humanissimam ac liberalissimam judicaretis. Nam cæteræ, neque
temporum sunt, neque ætatum omnium, neque locorum :
hæc studia adolescentiam alunt, senectutem oblectant, secundas res ornant, adversis perfugium ac solatium præbent
delectant domi, non impediunt foris, pernoctant nobiscum,
peregrinantur. Quod si ipsi hæc neque attingere neque sensu nostro gustare possemus, tamen ea mirari deberemus,
etiam cum in aliis videremus. Quis nostrum.

TOULON. MARSEILLE. LORIENT. HONFLEUR.

ITALIQUE.

*Tamen, hanc animi remissionem humanissimam ac li-
beralissimam judicaretis. Nam cætera neque temporum
sunt, neque ætatum omnium, neque locorum : hæc studia
adolescentiam alunt, senectutem oblectant, secundas res
ornant, adversis perfugium ac solatium præbent.*

Ego multos homines excellenti animo ac virtute fuisse, et sine doctrina, naturæ ipsius habitu prope divino, per seipsos et moderatos et graves exstitisse fateor : etiam illud adjungo, sæpius ad laudem atque virtutem naturam sine doctrina, quam sine natura valuisse doctrinam. Atque idem ego contendo, cum ad naturam eximiam atque illustrem accesserit ratio quædam conformatioque doctrinæ, tum illud nescio quid præclarum ac singulare solere existere. Ex hoc esse hunc numero, quem patres nostri viderunt, divinum hominem, Africanum : ex hoc C. Lælium. L. Furium, moderatissimos homines et continentissimos : ex hoc fortissimum virum, et illis temporibus doctissimum, M. Catonem illum senem : qui profecto, si nihil ad percipiendam colendamque virtutem litteris adjuvarentur, nunquam se contulissent.

Nam cæteræ neque temporum sunt, neque ætatum omnium, neque locorum : hæc studia adolescentiam alunt, senectutem oblectant, secundas res ornant, adversis perfugium ac solatium præbent, delectant domi, non impediunt foris, pernoctant nobiscum, peregrinantur, rusticantur. Quod si ipsi hæc neque attingere, neque sensu nostro gustare possemus, tamen ea mirari deberemus.

MARSEILLE. TOULON. ROCHEFORT.

ITALIQUE.

Tamen, hanc animi remissionem humanissimam ac liberalissimam judicaretis. Nam cæteræ neque temporum sunt, neque ætatum omnium, neque locorum : studia adolescentiam alunt, senectutem oblectant, secundas res ornant, adversis perfugium ac solatium præbent, delectant domi.

Ego multos homines excellenti animo ac virtute fuisse, et sine doctrina, naturæ ipsius habitu prope divino, per seipsos et moderatos et graves exstitisse fateor. Etiam illud adjungo, sæpius ad laudem atque virtutem naturam sine doctrina, quam sine natura valuisse doctrinam. Atque idem ego contendo, cum ad naturam eximiam atque illustrem accesserit ratio quaedam conformatioque doctrinæ : tum illud nescio quid præclarum ac singulare solere existere. Ex hoc esse hunc numero quem patres nostri viderunt, divinum hominem, Africanum : ex hoc C. Lælium, L. Furium, moderatissimos homines et continentissimos : ex hoc fortissimum virum, et illis temporibus doctissimum, M. Catonem illum senem : qui profecto, si nihil ad percipiendam colendamque virtutem litteris adjuvarentur, nunquam se contulissent.

Quod si non hic tantus fructus ostenderetur, et si ex his studiis delectatio sola peteretur, tamen, ut opinor, hanc animi remissionem humanissimam, liberalissimam judicaretis. Nam cæteræ neque temporum sunt, neque ætatum omnium, neque locorum : hæc studia adolescentiam alunt.

MENDE, DIE, CAEN, AMAND.

ITALIQUE.

Tamen, hanc animi remissionem humanissimam ac liberalissimam judicaretis. Nam cæteræ neque temporum sunt, neque ætatum omnium neque locorum : hæc studia adolescentiam alunt, senectutem oblectant.

Ego multos homines excellenti animo ac virtute fuisse, et sine doctrina, naturæ ipsius habitu prope divino, per seipsos et moderatos et graves exstitisse fateor : etiam illud adjungo, sæpius ad laudem atque virtutem naturam sine doctrina, quam sine natura valuisse doctrinam. Atque idem ego contendo, cum ad naturam eximiam atque illustrem accesserit ratio quædam conformatioque doctrinæ: tum illud nescio quid præclarum ac singulare solere existere. Ex hoc esse hunc numero, quem patres nostri viderunt, divinum hominem, Africanum : ex hoc Lælium, L. Furium, moderatissimos homines et continentissimos. Ex hoc fortissimum virum et illis temporibus doctissimum, M. Catonem illum senem : qui profecto, si nihil ad percipiendam colendamque virtutem litteris adjuvarentur, nunquam se ad earum studium contulissent.

Quod si non hic tantus fructus ostenderetur, et si ex his studiis delectatio sola peteretur : tamen, ut opinor, hanc animi remissionem humanissimam ac liberalissimam judicaretis. Nam cæteræ neque temporum sunt, neque ætatum omnium, neque locorum : hæc studia adolescentiam alunt, senectutem oblectant, secundas res

MENDE, DIE, CAEN, AMAND.

ITALIQUE.

Tamen, hanc animi remissionem humanissimam ac liberalissimam judicaretis. Nam cæteræ neque temporum sunt, neque ætatum omnium neque locorum : hæc studia adolescentiam alunt, senectutem oblectant.

Ego multos homines excellenti animo ac virtute fuisse, et sine doctrina, naturæ ipsius habitu prope divino, per scipsos et moderatos, et graves exstitisse fateor : etiam illud adjungo, sæpius ad laudem atque virtutem naturam sine doctrina, quam sine natura valuisse doctrinam. Atque idem ego contendo, cum ad naturam eximiam atque illustrem accesserit ratio quædam conformatioque doctrinæ : tum illud nescio quid præclarum ac singulare solere existere. Ex hoc esse hunc numero, quem patres nostri viderunt, divinum hominem, Africanum : ex hoc C. Lælium, L. Furium, moderatissimos homines et continentissimos : ex hoc fortissimum virum, et illis temporibus doctissimum, M. Catonem illum senem.

Quod si non hic tantus fructus ostenderetur, et si ex his studiis delectatio sola peteretur : tamen, ut opinor, hanc animi remissionem humanissimam ac liberalissimam judicaretis. Nam cæteræ neque temporum sunt, neque ætatum omnium, neque locorum.

LAC. FEMME. ANNE.

ITALIQUE.

Tamen, hanc animi remissionem humanissimam ac liberalissimam judicaretis. Nam cæteræ neque temporum sunt, neque ætatum omnium, neque locorum : hæc studia adolescentiam alunt, senectutem oblectant.

Ego multos homines excellenti animo ac virtute fuisse, et sine doctrina, naturæ ipsius habitu prope divino, per scipsos et moderatos, et graves exstitisse fateor : etiam illud adjungo, sæpius ad laudem atque virtutem naturam sine doctrina, quam sine natura valuisse doctrinam. Atque idem ego contendo, cum ad naturam eximiam atque illustrem accesserit ratio quædam conformatioque doctrinæ : tum illud nescio quid præclarum ac singulare solere existere. Ex hoc esse hunc numero, quem patres nostri viderunt, divinum hominem, Africanum : ex hoc C. Lælium, L. Furium, moderatissimos homines et continentissimos : ex hoc fortissimum virum, et illis temporibus doctissimum.

Quod si non hic tantus fructus ostenderetur, et si ex studiis delectatio sola peteretur : tamen, ut opinor, hanc animi remissionem humanissimam ac liberalissimam judicaretis. Nam cæteræ neque temporum sunt, neque ætatum omnium.

TOULON. AUTUN. MELUN. AUCH.

ITALIQUE.

Tamen, hanc animi remissionem humanissimam ac liberalissimam judicaretis. Nam cæteræ neque temporum sunt, neque ætatum omnium, neque locorum : hæc studia adolescentiam alunt, senectutem oblectant.

Ego multos homines excellenti animo ac virtute fuisse, et sine doctrina, naturæ ipsius habitu
prope divino, per seipsos et moderatos, et graves
exstitisse fateor : etiam illud adjungo, sæpius ad
laudem atque virtutem naturam sine doctrina,
quam sine natura valuisse doctrinam. Atque idem
ego contendo, cum ad naturam eximiam atque
illustrem accesserit ratio quædam, conformatioque doctrinæ : tum illud nescio quid præclarum
ac singulare solere existere. Ex hoc esse hunc
numero quem patres nostri viderunt, divinum hominem Africanum.

Ex hoc C. Lælium, L. Furium, moderatissimos
homines et continentissimos : ex hoc fortissimum
virum, temporibus illis doctissimum, **M.** Catonem
illum senem : qui profecto, si nihil ad percipiendam colendamque virtutem.

TOULON. NANTES. LORIENT. TOURS.

ITALIQUE,

*Tamen, hanc animi remissionem humanissi-
mam ac liberalissimam judicaretis, Nam cæteræ
neque temporum sunt, neque ætatum omnium,
neque locorum : hæc studia adolescentiam alunt.*

Ego multos homines excellenti animo ac virtute fuisse, et sine doctrina, naturæ ipsius habitu prope divino, per seipsos et moderatos, et graves exstitisse fateor : etiam illud adjungo, sæpius ad laudem atque virtutem naturam sine doctrina, quam sine natura valuisse doctrinam. Atque idem ego contendo, cum ad naturam eximiam atque illustrem accesserit ratio quædam, conformatioque doctrinæ; tum illud nescio quid præclarum ac singulare solere existere. Ex hoc esse hunc numero, quem patres nostri viderunt, divinum hominem, Africanum : ex hoc C. Lælium, L. Furium, moderatissimos homines et continentissimos : ex hoc fortissimum virum, et illis temporibus doctissimum, M. Catonem illum senem : qui profecto, si nihil ad percipiendam colendamque virtutem litteris adjuvarentur, nunquam se ad earum studium contulissent. Quod si non hic tantus fructus ostenderetur, et si ex his studiis delectatio sola peteretur : tamen, ut opinor, hanc animi remissionem, humanissimam ac liberalissimam judicaretis. Nam cæteræ neque temporum sunt, neque ætatum omnium, neque locorum : hæc studia adolescentiam alunt, senectutem oblectant, secundas res ornant, adversis perfugium ac solatium præbent, delectant domi, non impediunt foris, pernoctant nobiscum, peregrinantur, rusticantur. Quod si ipsi hæc neque attingere.

Quis nostrum tam animo agresti ac duro fuit, ut Roscii morte nuper non commoveretur; qui cum esset senex mortuus, tamen, propter excellentem artem ac venustatem, videbatur omnino mori non debuisse. Ergo ille corporis motu tantum amorem sibi conciliarat a nobis omnibus : nos animorum incredibiles motus, celeritatemque ingeniorum negligemus. Quoties ego hunc Archiam vidi, judices, quoties ego hunc vidi, cum litteram scripsisset nullam, magnum numerum optimorum versuum de his ipsis rebus, quæ tum agerentur, dicere ex tempore; quoties revocatum eamdem rem dicere, commutatis verbis, atque sententiis. Quæ vero accurate, cogitateque scripsisset, ea sic vidi probari, ut ad veterum scriptorum laudem pervenirent. Hunc non ego diligam; non admirer; non omni ratione defendendum putem. Atqui sic ac summis hominibus, eruditissimisque accepimus, cæterarum rerum studia, et doctrina.

CAEN. LAON. MACON. LILLE.

ITALIQUE.

Tamen, hanc animi remissionem humanissimam ac liberalissimam judicaretis. Nam cæteræ neque temporum sunt, neque ætatum omnium, neque locorum : hæc studia adolescentiam alunt, senectutem oblectant, secundas res ornant, adversis perfugium ac solatium præbent, delectant domi, non impediunt foris, pernoctant nobiscum, peregrinantur, rusticantur. Quod si ipsi hæc neque attingere.

Ego multos homines excellenti animo ac virtute fuisse, et sine doctrina, naturæ ipsius habitu prope divino, per seipsos et moderatos, et graves exstitisse fateor : etiam illud adjungo, sæpius ad laudem atque virtutem naturam sine doctrina, quam sine natura valuisse doctrinam. Atque idem ego contendo, cum ad naturam eximiam atque illustrem accesserit ratio quædam conformatioque doctrinæ; tum illud nescio quid præclarum ac singulare solere existere. Ex hoc esse hunc numero, quem patres nostri viderunt, divinum hominem, Africanum : ex hoc C. Lælium, L. Furium, moderatissimos homines et continentissimos : ex hoc fortissimum virum, et illis temporibus doctissimum, M. Catonem illum senem : qui profecto, si nihil ad percipiendam colendamque virtutem litteris adjuvarentur, nunquam se ad earum studium contulissent. Quod si non hic tantus fructus ostenderetur, et si ex his studiis delectatio sola peteretur : tamen, ut opinor, hanc animi remissionem humanissimam ac liberalissimam judicaretis. Nam cæteræ neque temporum sunt, neque ætatum omnium, neque locorum : hæc studia adolescentiam alunt, senectutem oblectant, secundas res ornant, adversis perfugium ac solatium præbent, delectant domi, non impediunt foris, pernoctant nobiscum.

Quod si ipsi hæc neque attingere, neque sensu nostro gustare possemus, tamen ea mirari deberemus, etiam cum in aliis videremus. Quis nostrum tam animo agresti ac duro fuit, ut Roscii morte, nuper non commoveretur. Qui cum esset senex mortuus, tamen propter excellentem artem ac venustatem, videbatur omnino mori non debuisse. Ergo ille corporis motu tantum amorem sibi conciliarat a nobis omnibus : nos animorum incredibiles motus, celeritatemque ingeniorum negligemus. Quoties hunc Archiam vidi, cum litteram scripsisset nullam, magnum numerum.

LOIRE. SEINE. MARNE. RHIN.

ITALIQUE.

Tamen, hanc animi remissionem, humanissimam ac liberalissimam judicaretis. Nam cæteræ neque temporum sunt, neque ætatum omnium, neque locorum : hæc studia adolescentiam alunt, senectutem oblectant, secundas res ornant, adversis perfugium ac solatium præbent, delectant domi, non impediunt foris, pernoctant nobiscum, peregrinantur, rusticantur.

Ego multos homines excellenti animo ac virtute fuisse, et sine doctrina, naturæ ipsius habitu prope divino, per seipsos et moderatos et graves exstitisse fateor : etiam illud adjungo, sæpius ad laudem atque virtutem naturam sine doctrina, quam sine natura valuisse doctrinam. Atque idem ego contendo, cum ad naturam eximiam atque illustrem accesserit ratio quædam, conformatioque doctrinæ ; tum illud nescio quid præclarum ac singulare solere existere. Ex hoc esse hunc numero, quem patres nostri viderunt, divinum hominem, Africanum : ex hoc C. Lælium, L. Furium, moderatissimos homines et continentissimos : ex hoc fortissimum virum, et illis temporibus doctissimum, M. Catonem illum senem : qui profecto, si nihil ad percipiendam colendamque virtutem litteris adjuvarentur, nunquam se ad earum studium contulissent. Quod si non hic tantus fructus ostenderetur, et si ex his studiis delectatio sola peteretur : tamen, ut opinor, hanc animi remissionem humanissimam ac liberalissimam judicaretis. Nam cæteræ neque temporum sunt, neque ætatum omnium, neque locorum : hæc studia adolescentiam alunt, senectutem oblectant.

Quod si ipsi hæc neque attingere, neque sensu nostro gustare possemus, tamen ea mirari deberemus, etiam cum in aliis has omnes res ipsi videremus. Quis nostrum, tam animo agresti ac duro fuit, ut Roscii morte nuper non commoveretur.

Qui cum esset senex mortuus, tamen, propter excellentem artem ac venustatem, et videbatur omnino mori non debuisse. Ergo ille corporis motu tantum amorem sibi conciliarat a nobis omnibus : nos animorum incredibiles motus, celeritatemque ingeniorum negligemus.

MOLLE. LAC. FOC. LAON.

ITALIQUE.

Tamen, hanc animi remissionem, humanissimam ac liberalissimam judicaretis. Nam cæteræ neque temporum sunt, neque ætatum omnium, neque locorum : hæc studia adolescentiam alunt, senectutem oblectant, secundas res ornant, adversis perfugium ac solatium præbent, delectant domi, non impediunt foris, pernoctant nobiscum, peregrinantur, rusticantur.

Ego multos homines excellenti animo ac virtute fuisse, et sine doctrina, naturæ ipsius habitu prope divino, per seipsos et moderatos et graves exstitisse fateor : etiam illud adjungo, sæpius ad laudem atque virtutem naturam sine doctrina, quam sine natura valuisse doctrinam. Atque idem ego contendo, cum ad naturam eximiam atque illustrem accesserit ratio quædam, conformatioque doctrinæ ; tum illud nescio quid præclarum ac singulare solere existere. Ex hoc esse hunc numero, quem patres nostri viderunt, divinum hominem, Africanum : ex hoc C. Lælium, L. Furium, moderatissimos homines et continentissimos ; ex hoc fortissimum virum, et illis temporibus doctissimum, M. Catonem illum senem : qui profecto, si nihil ad percipiendam colendamque virtutem litteris adjuvarentur, nunquam se ad earum studium contulissent. Quod si non hic tantus fructus ostenderetur, et si ex his studiis delectatio sola peteretur : tamen, ut opinor, hanc animi remissionem humanissimam ac liberalissimam judicaretis. Nam cæteræ neque temporum sunt, neque ætatum omnium, neque locorum.

Quod si ipsi hæc neque attingere, neque sensu nostro gustare possemus, tamen ea mirari deberemus, etiam cum aliis has omnes res ipsi persæpe videremus. Quis nostrum tam animo agresti ac duro fuit, ut Roscii morte nuper non commovere-tur ; qui cum esset senex mortuus, tamen, propter excellentem artem ac venustatem, videbatur omnino mori non debuisse. Ergo illo corporis motu tantum amorem sibi conciliarat a nobis omnibus : nos animorum incredibilles motus, celeritatemque ingeniorum.

HOMME. MANS. CAEN. LAON.

ITALIQUE.

Tamen, hanc animi remissionem, humanissimam ac liberalissimam judicaretis. Nam cætera neque temporum sunt, neque ætatum omnium, neque locorum : hæc studia adolescentiam alunt, senectutem oblectant, secundas res ornant, adversis perfugium ac solatium præbent, delectant domi, non impediunt foris, pernoctant nobiscum, peregrinantur, rusticantur.

Ego multos homines excellenti animo ac virtute fuisse, et sine doctrina, naturæ ipsius habitu prope divino, per seipsos et moderatos et graves exstitisse fateor : etiam illud adjungo, sæpius ad laudem atque virtutem naturam sine doctrina, quam sine natura valuisse doctrinam. Atque idem ego contendo, cum ad naturam eximiam atque illustrem accesserit ratio quædam conformatioque doctrinæ; tum illud nescio quid præclarum ac singulare solere existere. Ex hoc esse hunc numero, quem patres nostri viderunt, divinum hominem, Africanum : ex hoc C. Lælium, L. Furium, moderatissimos homines et continentissimos : ex hoc fortissimum virum, et illis temporibus doctissimum, M. Catonem illum senem : qui profecto, si nihil ad percipiendam colendamque virtutem litteris adjuvarentur, nunquam se ad earum studium contulissent. Quod si non hic tantus fructus ostenderetur, et si ex his studiis delectatio sola peteretur : tamen, ut opinor, hanc animi remissionem humanissimam ac liberalissimam judicaretis.

Nam cæteræ neque temporum sunt, neque ætatum omnium, neque locorum : hæc studia adolescentiam alunt, senectutem oblectant, secundas res ornant, adversis perfugium ac solatium præbent, delectant domi, non impediunt foris, pernoctant nobiscum, peregrinantur. Quod si ipsi hæc neque attingere, neque sensu nostro gustare possemus, tamen ea mirari deberemus, etiam cum in aliis videremus. Quis nostrum tam animo agresti ac duro fuit, ut Roscii morte nuper non commoveretur; qui cum esset senex mortuus, tamen propter excellentem artem ac venustatem, videbatur omnino mori.

TOULON. CAEN. LAON. MAINE.

ITALIQUE.

Tamen, hanc animi remissionem, humanissimam ac liberalissimam judicaretis. Nam cætera neque temporum sunt, neque ætatum omnium, neque locorum : hæc studia adolescentiam alunt, senectutem oblectant, secundas res ornant, adversis perfugium ac solatium præbent, delectant domi, non impediunt foris, pernoctant nobiscum.

Ego multos homines excellenti animo ac virtute fuisse, et sine doctrina, naturæ ipsius habitu prope divino, per seipsos et moderatos et graves exstitisse fateor : etiam illud adjungo, sæpius ad laudem atque virtutem naturam sine doctrina, quam sine natura valuisse doctrinam. Atque idem ego contendo, cum ad naturam eximiam atque illustrem accesserit ratio quædam conformatioque doctrinæ; tum illud nescio quid præclarum ac singulare solere existere. Ex hoc esse hunc numero, quem patres nostri viderunt, divinum hominem, Africanum : ex hoc C. Lælium, L. Furium, moderatissimos homines et continentissimos : ex hoc fortissimum virum, et illis temporibus doctissimum, M. Catonem illum senem : qui profecto, si nihil ad percipiendam colendamque virtutem litteris adjuvarentur, nunquam se ad earum studium contulissent. Quod si non hic tantus fructus ostenderetur, et si ex his studiis delectatio sola peteretur.

Tamen, ut opinor, hanc animi remissionem humanissimam ac liberalissimam judicaretis. Nam cæteræ, neque temporum sunt, neque ætatum omnium, neque locorum; hæc studia, adolescentiam alunt, senectutem oblectant, secundas res ornant, adversis perfugium ac solatium præbent, delectant domi, non impediunt foris, pernoctant nobiscum, peregrinantur. Quod si ipsi hæc neque attingere neque sensu nostro gustare possemus, tamen ea mirari deberemus, etiam cum in aliis videremus. Quis nostrum, tam animo agresti ac duro fuit.

LAON. FAON. HOMME. AME.

ITALIQUE.

Tamen, hanc animi remissionem, humanissimam ac liberalissimam judicaretis. Nam cæteræ neque temporum sunt, neque ætatum omnium, neque locorum : hæc studia adolescentiam alunt senectutem oblectant, secundas res ornant, adversis perfugium ac solatium præbent, delectant domi, non impediunt foris.

Ego multos homines excellenti animo ac virtute fuisse, et sine doctrina, naturæ ipsius habitu prope divino, per seipsos et moderatos et graves exstitisse fateor : etiam illud adjungo, sæpius ad laudem atque virtutem naturam sine doctrina, quam sine natura valuisse doctrinam. Atque idem ego contendo, cum ad naturam eximiam atque illustrem accesserit ratio quædam conformatioque doctrinæ; tum illud nescio, quid præclarum ac singulare solere existere. Ex hoc esse hunc numero, quem patres nostri viderunt, divinum hominem, Africanum : ex hoc C. Lælium; L. Furium, moderatissimos homines et continentissimos : ex hoc fortissimum virum, et illis temporibus doctissimum, M. Catonem illum senem : qui profecto, si nihil ad percipiendam colendamque virtutem litteris adjuvarentur, nunquam, se ad earum studium contulissent.

Quod si non hic tantus fructus ostenderetur, et si ex his studiis delectatio sola peteretur : tamen ut opinor, hanc animi remissionem humanissimam ac liberalissimam judicaretis. Nam cæteræ neque temporum sunt, neque ætatum omnium, neque locorum : hæc studia adolescentiam alunt, senectutem oblectant, secundas res ornant, adversis perfugium ac solatium præbent, delectant domi, non impediunt foris, pernoctant nobiscum, peregrinantur, rusticantur. Quod si ipsi hæc neque attingere.

HOMME. LAON. CAEN. MANCHE.

ITALIQUE.

Tamen, hanc animi remissionem, humanissimam ac liberalissimam judicaretis. Nam cæteræ neque temporum sunt, neque ætatum omnium, neque locorum : hæc studia adolescentiam alunt, senectutem oblectant, secundas res ornant, adversis perfugium ac solatium præbent, delectant domi.

Ego multos homines excellenti animo ac virtute fuisse, et sine doctrina, naturæ ipsius habitu prope divino, per seipsos et moderatos et graves exstitisse fateor : etiam illud adjungo, sæpius ad laudem atque virtutem naturam sine doctrina, quam sine natura valuisse doctrinam. Atque idem ego contendo, cum ad naturam eximiam atque illustrem accesserit ratio quædam conformatioque doctrinæ ; tum illud nescio quid præclarum ac singulare solere existere. Ex hoc esse hunc numero, quem patres nostri viderunt, divinum hominem, Africanum : ex hoc C. Lælium, L. Furium, moderatissimos homines et continentissimos : ex hoc fortissimum virum, et illis temporibus doctissimum, M. Catonem illum senem : qui profecto, si nihil ad percipiendam colendamque virtutem litteris adjuvarentur, nunquam se ad earum studium contulissent. Quod si non hic tantus fructus ostenderetur, et si ex his studiis delectatio sola peteretur.

Nam cæteræ neque temporum sunt, neque ætatum omnium, neque locorum : hæc studia adolescentiam alunt, senectutem oblectant, secundas res ornant, adversis perfugium ac solatium præbent, delectant domi, non impediunt foris, pernoctant nobiscum, peregrinantur, rusticantur. Quod si ipsi hæc neque attingere, neque sensu nostro gustare possemus, tamen ea mirari deberemus.

MELUN. AUCH. CAEN. HAMEAU.

ITALIQUE.

Tamen, hanc animi remissionem humanissimam ac liberalissimam judicaretis. Nam cæteræ neque temporum sunt, neque ætatum omnium, neque locorum : hæc studia adolescentiam alunt, senectutem oblectant, secundas res ornant, adversis perfugium ac solatium præbent, delectant domi, non impediunt foris.

Ego multos homines excellenti animo ac virtute fuisse, et sine doctrina, naturæ ipsius habitu prope divino, per seipsos et moderatos et graves exstitisse fateor : etiam illud adjungo, sæpius ad laudem atque virtutem naturam sine doctrina, quam sine natura valuisse doctrinam. Atque idem ego contendo, cum ad naturam eximiam atque illustrem accesserit ratio quædam conformatioque doctrinæ; tum illud nescio quid præclarum ac singulare solere existere. Ex hoc esse hunc numero, quem patres nostri viderunt, divinum hominem, Africanum : ex hoc C. Lælium, L. Furium, moderatissimos homines et continentissimos : ex hoc fortissimum virum, et illis temporibus doctissimum, M. Catonem illum senem : qui profecto, si nihil ad percipiendam colendamque virtutem litteris adjuvarentur, nunquam se ad earum studium contulissent.

Nam cæteræ neque temporum sunt, neque ætatum omnium, neque locorum : hæc studia adolescentiam alunt senectutem oblectant, secundas res ornant, adversis perfugium ac solatium præbent, delectant domi, non impediunt foris, pernoctant nobiscum, peregrinantur, rusticantur. Quod si ipsi hæc neque attingere, neque sensu nostro gustare possemus, tamen ea mirari deberemus.

MENDE. CHALON. DOLE. CAEN.

ITALIQUE.

Tamen, hanc animi remissionem humanissimam ac liberalissimam judicaretis. Nam cæteræ neque temporum sunt, neque ætatum omnium, neque locorum : studia adolescentiam alunt, senectutem oblectant, secundas res ornant, adversis perfugium ac solatium præbent, delectant domi, non impediunt foris.

Ego multos homines excellenti animo ac virtute fuisse, et sine doctrina, naturæ ipsius habitu prope divino, per seipsos et moderatos et graves exstitisse fateor : etiam illud adjungo, sæpius ad laudem atque virtutem naturam sine doctrina, quam sine natura valuisse doctrinam. Atque idem ego contendo, cum ad naturam eximiam atque illustrem accesserit ratio quædam conformatioque doctrinæ ; tum illud nescio quid præclarum ac singulare solere existere. Ex hoc esse hunc numero, quem patres nostri viderunt, divinum hominem, Africanum : ex hoc C. Lælium, L. Furium, moderatissimos homines et continentissimos : ex hoc fortissimum virum, et illis temporibus doctissimum, M. Catonem illum senem : qui profecto, si nihil ad percipiendam colendamque virtutem litteris adjuvarentur, nunquam se contulissent.

Nam cæteræ neque temporum sunt, neque ætatum omnium, neque locorum : hæc studia adolescentiam alunt, senectutem oblectant, secundas res ornant, adversis perfugium ac solatium præbent, delectant domi, non impediunt foris, pernoctant nobiscum, peregrinantur, rusticantur. Quod si ipsi hæc neque attingere, neque sensu nostro gustare possemus.

MENDE. CHALON. DOLE. CAEN.

ITALIQUE.

Tamen, hanc animi remissionem humanissimam ac liberalissimam judicaretis. Nam cæteræ neque temporum sunt, neque ætatum omnium, neque locorum : studia adolescentiam alunt, senectutem oblectant, secundas res ornant, adversis perfugium ac solatium præbent.

Ego multos homines excellenti animo ac virtute fuisse, et sine doctrina, naturæ ipsius habitu prope divino, per seipsos et moderatos et graves exstitisse fateor : etiam illud adjungo, sæpius ad laudem atque virtutem naturam sine doctrina, quam sine natura valuisse doctrinam. Atque idem ego contendo, cum ad naturam eximiam atque illustrem accesserit ratio quædam conformatioque doctrinæ; tum illud nescio quid præclarum ac singulare solere existere. Ex hoc esse hunc numero, quem patres nostri viderunt, divinum hominem, Africanum : ex hoc C. Lælium, L. Furium, moderatissimos homines et continentissimos. Ex hoc fortissimum virum et illis temporibus doctissimum, M. Catonem illum senem : qui profecto, si nihil ad percipiendam colendamque virtutem litteris adjuvarentur, nunquam se ad earum studium contulissent.

Quod si non hic tantus fructus ostenderetur, et si ex his studiis delectatio sola peteretur : tamen, ut opinor, hanc animi remissionem humanissimam ac liberalissimam judicaretis. Nam cæteræ neque temporum sunt, neque ætatum omnium, neque locorum : hæc studia adolescentiam alunt, senectutem oblectant, secundas res ornant.

TAON, FAON, CHANT.

ITALIQUE.

Tamen, hanc animi remissionem humanissimam ac liberalissimam judicaretis. Nam cæteræ neque temporum sunt, neque ætatum omnium, neque locorum : hæc studia adolescentiam alunt, senectutem oblectant, secundas res ornant.

Ego multos homines excellenti animo ac virtute fuisse, et sine doctrina, naturæ ipsius habitu prope divino, per seipsos et moderatos et graves exstitisse fateor : etiam illud adjungo, sæpius ad laudem atque virtutem naturam sine doctrina, quam sine natura valuisse doctrinam. Atque idem ego contendo, cum ad naturam eximiam atque illustrem accesserit ratio quædam conformatioque doctrinæ; tum illud nescio quid præclarum ac singulare solere existere. Ex hoc esse hunc numero, quem patres nostri viderunt, divinum hominem, Africanum : ex hoc C. Lælium, L. Furium, moderatissimos homines et continentissimos. Ex hoc fortissimum virum et illis temporibus doctissimum, M. Catonem illum senem : qui profecto, si nihil ad percipiendam colendamque virtutem litteris adjuvarentur.

Nunquam se ad earum studium contulissent. Quod si non hic tantus fructus ostenderetur, et si ex his studiis delectatio sola peteretur : tamen, ut opinor, hanc animi remissionem humanissimam ac liberalissimam judicaretis. Nam cæteræ neque temporum sunt, neque ætatum omnium neque locorum : hæc studia adolescentiam.

TAON, FAON, CHENT.

ITALIQUE.

Tamen, hanc animi remissionem humanissimam ac liberalissimam judicaretis. Nam cæteræ neque temporum sunt, neque ætatum omnium, neque locorum : hæc studia adolescentiam alunt, senectutem oblectant, secundas res ornant.

Ego multos homines excellenti animo ac virtute fuisse, et sine doctrina, naturæ ipsius habitu prope divino, per seipsos et moderatos, et graves exstitisse fateor : etiam illud adjungo, sæpius ad laudem atque virtutem naturam sine doctrina, quam sine natura valuisse doctrinam. Atque idem ego contendo, cum ad naturam eximiam atque illustrem accesserit ratio quædam, conformatioque doctrinæ; tum illud nescio quid præclarum ac singulare solere existere. Ex hoc esse hunc numero, quem patres nostri viderunt, divinum hominem, Africanum : ex hoc C. Lælium, L. Furium, moderatissimos homines et continentissimos : ex hoc fortissimum virum, et illis temporibus doctissimum, M. Catonem illum senem : qui profecto, si nihil ad percipiendam colendamque virtutem litteris adjuvarentur, nunquam se contulissent. »

Quod si non hic tantus fructus ostenderetur, et si ex his studiis delectatio sola peteretur : tamen, ut opinor, hanc animi remissionem humanissimam ac liberalissimam judicaretis. Nam cæteræ neque temporum sunt, neque ætatum omnium neque locorum, hæc studia adolescentiam alunt.

PAON, LAON, CHENT.

ITALIQUE.

Tamen, hanc animi remissionem humanissimam ac liberalissimam judicaretis. Nam cæteræ neque temporum sunt, neque ætatum omnium, neque locorum : hæc studia adolescentiam alunt, senectutem oblectant.

Ego multos homines excellenti animo ac virtute fuisse, et sine doctrina, naturæ ipsius habitu prope divino, per scipsos et moderatos et graves exstitisse fateor. Etiam illud adjungo, sæpius ad laudem atque virtutem naturam sine doctrina, quam sine natura valuisse doctrinam. Atque idem ego contendo, cum ad naturam eximiam atque illustrem accesserit ratio quædam conformatioque doctrinæ; tum illud nescio quid præclarum ac singulare solere existere. Ex hoc esse hunc numero, quem patres nostri viderunt, divinum hominem, Africanum : ex hoc C. Lælium, L. Furium, moderatissimos homines et continentissimos : ex hoc fortissimum virum, et illis temporibus doctissimum, M. Catonem illum senem : qui profecto, si nihil ad percipiendam colendamque virtutem.

Quod si non hic tantus fructus ostenderetur, et si ex his studiis delectatio sola peteretur, tamen, ut opinor, hanc animi remissionem humanissimam, liberalissimam judicaretis. Nam cæteræ neque temporum sunt, neque ætatum omnium, neque locorum.

MOLLE. LAC. FOC. LAON.

ITALIQUE.

Tamen, hanc animi remisssionem humanissimam ac liberalissimam judicaretis. Nam cæteræ neque temporum sunt, neque ætatum omnium, neque locorum : hæc studia adolescentiam alunt, senectutem oblectant, secundas res ornant.

Ego multos homines excellenti animo ac virtute fuisse, et sine doctrina, naturæ ipsius habitu prope divino, per seipsos et moderatos, et graves exstitisse fateor : etiam illud adjungo, sæpius ad laudem atque virtutem naturam sine doctrina, quam sine natura valuisse doctrinam. Atque idem ego contendo, cum ad naturam eximiam atque illustrem accesserit ratio quædam conformatioque doctrinæ; tum illud nescio quid præclarum ac singulare solere existere. Ex hoc esse hunc numero, quem patres nostri viderunt, divinum hominem, Africanum : ex hoc C. Lælium, L. Furium, moderatissimos homines et continentissimos: ex hoc fortissimum virum, et illis temporibus doctissimum, M. Catonem illum senem.

Quod si non hic tantus fructus ostenderetur, et si ex his studiis delectatio sola peteretur : tamen ut opinor, hanc animi remissionem humanissimam ac liberalissimam judicaretis. Nam cæteræ neque temporum sunt, neque ætatum omnium, neque locorum.

MOLLE. LAC. FOC. LAON.

ITALIQUE.

Tamen, hanc animi remissionem humanissimam ac liberalissimam judicaretis. Nam cæteræ neque temporum sunt, neque ætatum omnium, neque locorum : hæc studia adolescentiam alunt, senectutem oblectant.

Ego multos homines excellenti animo ac virtute fuisse, et sine doctrina, naturæ ipsius habitu prope divino, per seipsos et moderatos, et graves exstitisse fateor : etiam illud adjungo, sæpius ad laudem atque virtutem naturam sine doctrina, quam sine natura valuisse doctrinam. Atque idem ego contendo, cum ad naturam eximiam atque illustrem accesserit ratio quædam, conformatioque doctrinæ; tum illud nescio quid præclarum ac singulare solere existere. Ex hoc esse hunc numero, quem patres nostri viderunt, divinum hominem, Africanum : ex hoc C. Lælium, L. Furium, moderatissimos

homines et continentissimos : ex hoc fortissimum virum, temporibus illis doctissimum, M. Catonem illum senem : qui profecto, si nihil ad percipiendam colendamque virtutem litteris adjuvarentur, nunquam se ad earum studium contulissent.

MOLLE. LAC. FOC. LAON.

ITALIQUE.

Tamen, hanc animi remissionem humanissimam ac liberalissimam judicaretis. Nam cæteræ neque temporum sunt, neque ætatum omnium, neque locorum : hæc studia adolescentiam alunt, senectutem oblectant.

QUATRIÈME SÉRIE

DES

CARACTÈRES ORDINAIRES

DE

Pinet et Cie,

GRAVEURS ET FONDEURS,

Quai Saint-Antoine, 31,

LYON.

IMPRIMERIE DE LOUIS PERRIN, RUE D'AMBOISE, 6.

CINQ N. 1. 4ᵐᵉ SÉRIE.

Ego multos homines excellenti animo atque virtute fuisse, et sine doctrina, naturæ ipsius habitu prope divino, per seipsos et moderatos et graves exstitisse fateor : etiam illud adjungo, sæpius ad laudem atque virtutem naturam sine doctrina quam sine natura valuisse doctrinam. Atque idem ego contendo, cum ad naturam eximiam atque illustrem accesserit ratio quædam conformatioque doctrinæ; tum illud nescio quid præclarum ac singulare solere existere. Ex hoc esse hunc numero, quem patres nostri viderunt divinum hominem Africanum : ex hoc C. Lælium, L. Furium, moderatissimos homines et continentissimos : ex hoc fortissimum virum, et illis temporibus doctissimum, M. Catonem illum senem : qui profecto, si nihil ad percipiendam colendamque virtutem litteris adjuvarentur, nunquam se ad earum studium contulissent. Quod si non hic tantus fructus ostenderetur, et si ex his studiis delectatio sola peteretur, tamen, ut opinor, hanc animi remissionem humanissimam ac liberalissimam judicaretis. Nam cæteræ neque temporum sunt, neque ætatum omnium, neque locorum : hæc studia adolescentiam alunt, senectutem oblectant, secundas res ornant, adversis perfugium ac solatium præbent, delectant domi, non impediunt foris, pernoctant nobiscum, peregrinantur, rusticantur. Quod si ipsi hæc neque attingere, neque sensu nostro gustare possemus, ea mirari deberemus, cum aliis has omnes res videremus. Quis nostrum tam animo agresti ac duro fuit ut Roscii morte nuper non commoveretur ?

Quoties ego Archiam vidi, Judices quoties ego hunc vidi, cum litteram scripsisset nullam, magnum numerum optimorum versuum, de ipsis rebus quæ tum agerentur, dicere ex tempore? Quoties revocatum eamdem rem dicere, commutatis verbis, atque sententiis? Quæ vero curate cogitateque scripsisset, ea sic vidi probari, ut ad scriptorum laudem veterum pervenirent. Hunc non ego diligam? non admirer? non omni ratione defendendum putem? Atqui sic a summis hominibus, eruditissimisque accepimus, cæterarum rerum studia, et doctrina, et præceptis, et arte constare : poetam natura ipsa valere, et mentis viribus excitari, et quasi divino quodam spiritu inflari. Quare suo jure noster ille Ennius sancto appellat poetas, quod quasi deorum aliquo dono atque munere commendati nobis omni tempore simul esse videantur; sit igitur, Judices, sanctum apud vos, humanissimos homines, illud poetæ nomen, quod nulla unquam barbaria violavit saxa et solitudines voci respondent; bestiæ sæpe immanes cantu flectuntur, atque consistunt : nos instituti rebus optimis non poetarum voce semper moveamur? Homerum Colophonii civem dicunt suum : Chii suum vindicant, Salaminii repetunt, Smyrnæique suum esse contendunt : itaque etiam delubrum ejus in oppido dedicaverunt : permulti contendunt. Ergo illi alienum, quia poeta fuit, post mortem etiam expetunt, nos hunc vivum, qui ex voluntate, et legibus noster est, repudiabimus? præsertim cum omne olim studium atque omne ingenium contulerit Archias ad populi romani gloriam, laudandamque celebrandam? nam et Cimbricas res adolescens attigit, et illi ipsi C. Mario, qui durior ad hæc studia videbatur, judicans fuit. Neque enim quisquam est tam aversus a Musis, qui non mandari versibus æternum suorum locorum facile præconium patiatur Themistoclem illum, summum Athenis virum.

CHALON. ROUEN. MARSEILLE. AFRIQUE. ORAN.

ITALIQUE.

Tamen hanc animi remissionem, humanissimam ac liberalissimam judicaretis. Nam cæteræ neque temporum sunt, neque ætatum omnium, neque locorum : hæc studia adolescentiam alunt, senectutem oblectant, secundas res ornant, adversis perfugium ac solatium præbent, delectant domi, non impediunt foris, pernoctant nobiscum, peregrinantur, rusticantur. Quod si ipsi neque hæc attingere, neque sensu nostro gustare possemus, ea mirari deberemus, cum videremus. Quis

nostrum tam animo agresti ac duro fuit ut Roscii morte nuper non commoveretur ; qui cum esset senex mortuus, tamen propter excellentem artem ac venustatem, videbatur omnino mori non debuisse. Ergo ille corporis motu tantum amorem sibi conciliarat a nobis omnibus : nos animorum incredibiles motus, celeritatemque ingeniorum negligemus. Quoties ego Archiam vidi, Judices quoties ego hunc vidi, cum litteram scripsisset nullam, magnum numerum optimorum versuum de ipsis rebus quæ tum agerentur.

Ego multos homines excellenti animo ac virtute fuisse, et sine doctrina, naturæ ipsius habitu prope divino, per seipsos et moderatos, et graves exstitisse fateor : etiam illud adjungo, sæpius ad laudem atque virtutem naturam sine doctrina, quam sine natura valuisse doctrinam. Atque idem ego contendo, cum ad naturam eximiam atque illustrem accesserit ratio quædam, conformatioque doctrinæ; tum illud nescio quid præclarum ac singulare solere existere. Ex hoc esse hunc numero, quem patres nostri viderunt, divinum hominem, Africanum : ex hoc C. Lælium, L. Furium, moderatissimos homines et continentissimos : ex hoc fortissimum virum, et illis temporibus doctissimum, M. Catonem illum senem : qui profecto, si nihil ad percipiendam colendamque virtutem litteris adjuvarentur, nunquam se ad earum studium contulissent. Quod si non hic tantus fructus ostenderetur, et si ex his studiis delectatio sola peteretur : tamen, ut opinor, hanc animi remissionem humanissimam ac liberalissimam judicaretis. Nam cæteræ neque temporum sunt, neque ætatum omnium, neque locorum : hæc studia adolescentiam alunt, senectutem oblectant, secundas res ornant, adversis perfugium ac solatium præbent, delectant domi, non impediunt foris, pernoctant nobiscum, peregrinantur, rusticantur. Quod si ipsi hæc neque attingere, neque sensu nostro gustare possemus, tamen ea mirari deberemus, etiam cum aliis has omnes res ipsi persæpe videremus. Quis nostrum tam animo agresti ac duro fuit, ut Roscii morte nuper non commoveretur; qui cum esset senex mortuus, tamen propter excellentem artem ac venustatem, videbatur mori non debuisse.

Ergo ille corporis motu tantum amorem sibi conciliarat a nobis omnibus : nos animorum incredibiles motus, celeritatemque ingeniorum negligemus. Quoties ego hunc Archiam vidi, Judices, quoties ego hunc vidi, cum litteram scripsisset nullam, magnum numerum optimorum versuum de his ipsis rebus, quæ tum agerentur, dicere ex tempore; quoties revocatum eamdem rem dicere, commutatis verbis, atque sententiis. Quæ vero accurate, cogitateque scripsisset, ea sic vidi probari, ut ad veterum scriptorum laudem pervenirent. Hunc non ego diligam; non admirer; non omni ratione defendendum putem. Atqui sic a summis hominibus, eruditissimisque accepimus, cæterarum rerum studia, et doctrina, et præceptis, et arte constare : poetam natura ipsa valere, et mentis viribus excitari, quasi divino quodam spiritu inflari. Quare suo jure noster ille Ennius sanctos appellat poetas, quod quasi deorum aliquo dono atque munere commendati nobis esse videantur. Sit igitur, Judices, sanctum apud vos, humanissimos homines, hoc poetæ nomen, quod nulla unquam barbaria violavit.

TOULON. MARSEILLE. LORIENT. HONFLEUR.

ITALIQUE.

Tamen, hanc animi remissionem, humanissimam ac liberalissimam judicaretis. Nam cæteræ neque temporum sunt, neque ætatum omnium, neque locorum : hæc studia adolescentiam alunt, senectutem oblectant, secundas res ornant, adversis perfugium ac solatium præbent, delectant domi, non impediunt foris, pernoctant nobiscum, peregrinantur, rusticantur. Quod si ipsi hæc neque attingere, neque sensu nostro gustare possemus, tamen ea mirari deberemus.

Ego multos homines excellenti animo ac virtute fuisse, et sine doctrina, naturæ ipsius habitu prope divino, per seipsos et moderatos et graves
exstitisse fateor : etiam illud adjungo, sæpius ad laudem atque virtutem
naturam sine doctrina, quam sine natura valuisse doctrinam. Atque idem
ego contendo, cum ad naturam eximiam atque illustrem accesserit ratio
quædam conformatioque doctrinæ; tum illud nescio quid præclarum ac
singulare solere existere. Ex hoc esse hunc numero, quem patres nostri
viderunt, divinum hominem Africanum : ex hoc C. Lælium, L. Furium,
moderatissimos homines et continentissimos : ex hoc fortissimum virum,
et illis temporibus doctissimum, M. Catonem illum senem : qui profecto,
si nihil ad percipiendam colendamque virtutem litteris adjuvarentur, nunquam se ad earum studium contulissent. Quod si non hic tantus fructus
ostenderetur, et si ex his studiis delectatio sola peteretur : tamen, ut
opinor, hanc animi remissionem humanissimam ac liberalissimam judicaretis. Nam cæteræ neque temporum sunt, neque ætatum omnium, neque
locorum : hæc studia adolescentiam alunt, senectutem oblectant, secundas res ornant, adversis perfugium ac solatium præbent, delectant domi,
non impediunt foris, pernoctant nobiscum, peregrinantur, rusticantur.

Quod si ipsi hæc neque attingere, neque sensu nostro gustare possemus, tamen ea mirari deberemus, etiam cum in aliis videremus. Quis
nostrum tam animo agresti ac duro fuit, ut Roscii morte nuper non
commoveretur. Qui cum esset senex mortuus, tamen propter excellentem artem ac venustatem, videbatur omnino mori non debuisse.
Ergo ille corporis motu tantum a-morem sibi conciliarat a nobis omnibus : nos animorum incredibiles motus, celeritatemque ingeniorum
negligemus. Quoties hunc Archiam vidi, cum litteram scripsisset nullam, magnum numerum.

MOLLE. LAC. FOC. LAON.

ITALIQUE.

*Tamen , hanc animi remissionem humanissimam ac liberalissimam
judicaretis. Nam cæteræ neque temporum sunt, neque ætatum omnium, neque locorum : hæc studia adolescentiam alunt, senectutem oblectant, secundas res ornant, adversis perfugium ac solatium præbent,
delectant domi, non impediunt foris, pernoctant nobiscum, peregrinantur, rusticantur. Quod si ipsi hæc neque attingere.*

HUIT N. 1. 4me SÉRIE.

Ego multos homines excellenti animo ac virtute fuisse, et sine doctrina, naturæ ipsius habitu prope divino, per scipsos et moderatos, et graves exstitisse fateor : etiam illud adjungo, sæpius ad laudem atque virtutem naturam sine doctrina, quam sine natura valuisse doctrinam. Atque idem ego contendo, cum ad naturam eximiam atque illustrem accesserit ratio quædam, conformatioque doctrinæ : tum illud nescio quid præclarum ac singulare solere existere. Ex hoc esse hunc numero, quem patres nostri viderunt, divinum hominem, Africanum : ex hoc C. Lælium, L. Furium, moderatissimos homines et continentissimos : ex hoc fortissimum virum, et illis temporibus doctissimum M. Catonem illum senem : qui profecto si nihil ad percipiendam colendamque virtutem litteris adjuvarentur, numquam se ad earum studium contulissent. Quod si non hic tantus fructus ostenderetur et si ex his studiis delectatio sola peteretur : tamen, ut opinor, hanc animi remissionem humanissimam ac liberalissimam judicaretis. Nam cæteræ neque temporum sunt, neque ætatum omnium, neque locorum : hæc studia adolescentiam alunt, senectutem oblectant, secundas res ornant.

Quod si ipsi hæc neque attingere, neque sensu nostro gustare possemus, tamen ea mirari deberemus. Quis nostrum tam animo agresti ac duro fuit ut Roscii morte nuper non commoveretur? qui cum esset senex mortuus, tamen, propter excellentem artem ac venustatem, videbatur omnino mori non debuisse. Ergo ille corporis motu tantum amorem sibi conciliarat a nobis omnibus : nos animorum incredibiles motus, celeritatemque ingeniorum negligemus? Quoties ego hunc Archiam vidi, Judices (utar enim vestra benignitate, quoniam me in hoc novo genere dicendi tam diligenter attenditis) quoties ego hunc vidi, cum litteram scripsisset nullam.

TOULON, MARSEILLE, LORIENT, HONFLEUR.

ITALIQUE.

Tamen hanc animi remissionem humanissimam ac liberalissimam judicaretis. Nam cætera neque temporum sunt, neque ætatum omnium, neque locorum : hæc studia adolescentiam alunt, senectutem oblectant, secundas res ornant, adversis perfugium ac solatium præbent, delectant domi, non impediunt foris, pernoctant nobiscum, peregrinantur, rusticantur.

Ego multos homines excellenti animo ac virtute fuisse, et sine doctrina, naturæ ipsius habitu prope divino, per seipsos et moderatos et graves exstitisse fateor : etiam illud adjungo, sæpius ad laudem atque virtutem naturam sine doctrina , quam sine natura valuisse doctrinam. Atque idem ego contendo , cum ad naturam eximiam atque illustrem accesserit ratio quædam conformatioque doctrinæ : tum illud nescio quid præclarum ac singulare solere existere. Ex hoc esse hunc numero , quem patres nostri viderunt, divinum hominem, Africanum : ex hoc C. Lælium, L. Furium, moderatissimos homines et continentissimos : ex hoc fortissimum virum , et illis temporibus doctissimum, M. Catonem illum senem : qui profecto, si nihil ad percipiendam colendamque virtutem litteris adjuvarentur, nunquam se ad earum studium contulissent. Quod si non hic tantus fructus ostenderetur, et si ex his studiis delectatio sola peteretur: tamen, ut opinor, hanc animi remissionem humanissimam ac liberalissimam judicaretis.

Nam cæteræ neque temporum sunt, neque ætatum omnium, neque locorum : hæc studia adolescentiam alunt, senectutem oblectant, secundas res ornant, adversis perfugium ac solatium præbent, delectant domi, non impediunt foris, pernoctant nobiscum, peregrinantur. Quod si ipsi hæc neque attingere, neque sensu nostro gustare possemus, tamen ea mirari deberemus, etiam cum in aliis videremus. Quis nostrum tam animo agresti ac duro fuit, ut Roscii morte nuper non commoveretur? qui cum esset senex mortuus, tamen, propter excellentem artem ac venustatem, videbatur omnino mori.

TOULON. MARSEILLE. LORIENT. HONFLEUR.

ITALIQUE.

Tamen, hanc animi remissionem, humanissimam ac liberalissimam judicaretis. Nam cæteræ neque temporum sunt, neque ætatum omnium, neque locorum : hæc studia adolescentiam alunt, senectutem oblectant, secundas res ornant, adversis perfugium ac solatium præbent, delectant domi, non impediunt foris, pernoctant nobiscum.

Ego multos homines excellenti animo ac virtute fuisse, et sine doctrina, naturæ ipsius habitu prope divino, per seipsos et moderatos et graves exstitisse fateor : etiam illud adjungo, sæpius ad laudem atque virtutem naturam sine doctrina, quam sine natura valuisse doctrinam. Atque idem ego contendo, cum ad naturam eximiam atque illustrem accesserit ratio quædam conformatioque doctrinæ; tum illud nescio quid præclarum ac singulare solere existere. Ex hoc esse hunc numero, quem patres nostri viderunt, divinum hominem Africanum : ex hoc C. Lælium, L. Furium, moderatissimos homines et continentissimos : ex hoc fortissimum virum, et illis temporibus doctissimum, M. Catonem illum senem : qui profecto, si nihil ad percipiendam colendamque virtutem litteris adjuvarentur, nunquam se ad earum studium contulissent. Quod si non hic tantus fructus ostenderetur, et si ex his studiis delectatio sola peteretur.

Tamen, ut opinor, hanc animi remissionem humanissimam ac liberalissimam judicaretis. Nam cæteræ, neque temporum sunt, neque ætatum omnium, neque locorum; hæc studia adolescentiam alunt, senectutem oblectant, secundas res ornant, adversis perfugium ac solatium præbent, delectant domi, non impediunt foris, pernoctant nobiscum, peregrinantur. Quod si ipsi hæc neque attingere neque sensu nostro gustare possemus, tamen ea mirari deberemus, etiam cum in aliis videremus. Quis nostrum, tam animo agresti ac duro fuit.

LAON. CAEN. PAON. MANS. SENS.

ITALIQUE.

Tamen, hanc animi remissionem humanissimam ac liberalissimam judicaretis. Nam cæteræ neque temporum sunt, neque ætatum omnium, neque locorum : hæc studia adolescentiam alunt, senectutem oblectant, secundas res ornant, adversis perfugium ac solatium præbent, delectant domi, non impediunt foris.

Ego multos homines excellenti animo ac virtute fuisse, et sine doctrina, naturæ ipsius habitu prope divino, per seipsos et moderatos et graves exstitisse fateor : etiam illud adjungo, sæpius ad laudem atque virtutem naturam sine doctrina, quam sine natura valuisse doctrinam. Atque idem ego contendo, cum ad naturam eximiam atque illustrem accesserit ratio quædam conformatioque doctrinæ; tum illud nescio quid præclarum ac singulare solere existere. Ex hoc esse hunc numero, quem patres nostri viderunt, divinum hominem, Africanum : ex hoc C. Lælium, L. Furium, moderatissimos homines et continentissimos : ex hoc fortissimum virum, et illis temporibus doctissimum, M. Catonem illum senem : qui profecto, si nihil ad percipiendam colendamque virtutem litteris adjuvarentur, nunquam se contulissent.

Nam cæteræ neque temporum sunt, neque ætatum omnium, neque locorum : hæc studia adolescentiam alunt, senectutem oblectant, secundas res ornant, adversis perfugium ac solatium præbent, delectant domi, non impediunt foris, pernoctant nobiscum, peregrinantur, rusticantur. Quod si ipsi hæc neque attingere, neque sensu nostro gustare possemus, tamen ea mirari deberemus.

MENDE. CAEN. LAON. AUCH.

ITALIQUE.

Tamen, hanc animi remissionem humanissimam ac liberalissimam judicaretis. Nam cæteræ neque temporum sunt, neque ætatum omnium, neque locorum : studia adolescentiam alunt, senectutem oblectant, secundas res ornant, adversis perfugium ac solatium præbent, delectant domi.

Ego multos homines excellenti animo ac virtute fuisse, et sine doctrina, naturæ ipsius habitu prope divino, per seipsos et moderatos et graves exstitisse fateor : etiam illud adjungo, sæpius ad laudem atque virtutem naturam sine doctrina, quam sine natura valuisse doctrinam. Atque idem ego contendo, cum ad naturam eximiam atque illustrem accesserit ratio quædam conformatioque doctrinæ; tum illud nescio quid præclarum ac singulare solere existere. Ex hoc esse hunc numero, quem patres nostri viderunt, divinum hominem, Africanum : ex hoc C. Lælium, L. Furium, moderatissimos homines et continentissimos : ex hoc fortissimum virum, et illis temporibus doctissimum, M. Catonem illum senem : qui profecto, si nihil ad percipiendam colendamque virtutem litteris adjuvarentur, nunquam se contulissent.

Nam cæteræ neque temporum sunt, neque ætatum omnium, neque locorum : hæc studia adolescentiam alunt, senectutem oblectant, secundas res ornant, adversis perfugium ac solatium præbent, delectant domi, non impediunt foris, pernoctant nobiscum, peregrinantur, rusticantur. Quod si ipsi hæc neque attingere, neque sensu nostro gustare possemus, tamen ea mirari deberemus.

ITALIQUE.

Tamen, hanc animi remissionem humanissimam ac liberalissimam judicaretis. Nam cæteræ neque temporum sunt, neque ætatum omnium, neque locorum : studia adolescentiam alunt, senectutem oblectant, secundas res ornant, adversis perfugium ac solatium præbent, delectant domi.

Non impediunt foris, pernoctant nobiscum, peregrinantur, rusticantur. Quod si ipsi hæc neque attingere, neque sensu nostro gustare possemus, tamen ea mirari deberemus.

Ego multos homines excellenti animo ac virtute fuisse, et sine doctrina, naturæ ipsius habitu prope divino, per seipsos et moderatos et graves exstitisse fateor : etiam illud adjungo, sæpius ad laudem atque virtutem naturam sine doctrina, quam sine natura valuisse doctrinam. Atque idem ego contendo, ad naturam eximiam atque illustrem accesserit ratio quædam conformatioque doctrinæ; tum illud nescio quid præclarum ac singulare solere existere. Ex hoc esse hunc numero, quem patres nostri viderunt, divinum hominem, Africanum : ex hoc C. Lælium, L. Furium, moderatissimos homines et continentissimos : ex hoc fortissimum virum , et illis temporibus doctissimum, M. Catonem illum senem : qui profecto, si nihil ad percipiendam colendamque virtutem litteris adjuvarentur, nunquam se contulissent. Quod si non hic tantus fructus ostenderetur , et si ex his studiis delectatio sola peteretur.

Nam cæteræ neque temporum sunt, neque ætatum omnium, neque locorum : hæc studia adolescentiam alunt, senectutem oblectant, secundas res ornant adversis perfugium ac solatium præbent, delectant domi, non impediunt foris, pernoctant nobiscum, peregrinantur, rusticantur. Quod si ipsi hæc neque attingere, neque sensu nostro gustare possemus , tamen ea mirari deberemus , etiam cum in aliis videremus.

SEINE. LOIRE. GARONNE. RHIN.

ITALIQUE.

Tamen, hanc animi remissionem humanissimam ac liberalissimam judicaretis. Nam cæteræ neque temporum sunt, neque ætatum omnium, neque locorum : studia adolescentiam alunt, senectutem oblectant, secundas res ornant, adversis perfugium ac solatium præbent, delectant domi.

Ego multos homines excellenti animo ac virtute fuisse, et sine doctrina, naturæ ipsius habitu prope divino, per seipsos et moderatos, et graves exstitisse fateor : etiam illud adjungo, sæpius ad laudem atque virtutem naturam sine doctrina, quam sine natura valuisse doctrinam. Atque idem ego contendo, cum ad naturam eximiam atque illustrem accesserit ratio quædam conformatioque doctrinæ; tum illud nescio quid præclarum ac singulare solere existere. Ex hoc esse hunc numero, quem patres nostri viderunt, divinum hominem, Africanum : ex hoc C. Lælium, L. Furium, moderatissimos homines et continentissimos : ex hoc fortissimum virum, et illis temporibus doctissimum, M. Catonem illum senem : qui profecto, si nihil ad percipiendam colendamque virtutem litteris adjuvarentur, nunquam se contulissent.

Quod si non hic tantus fructus ostenderetur, et si ex his studiis delectatio sola peteretur : tamen, ut opinor, hanc animi remissionem humanissimam ac liberalissimam judicaretis. Nam cæteræ neque temporum sunt, neque ætatum omnium, neque locorum : hæc studia adolescentiam alunt, senectutem oblectant.

TAON, FAON, CHANT.

ITALIQUE.

Tamen, hanc animi remissionem humanissimam ac liberalissimam judicaretis. Nam cæteræ neque temporum sunt, neque ætatum omnium, neque locorum : hæc studia adolescentiam alunt, senectutem oblectant, secundas res ornant.

QUATORZE.

Ego multos homines excellenti animo ac virtute fuisse, et sine doctrina, naturæ ipsius habitu prope divino, per seipsos et moderatos et graves exstitisse fateor : etiam illud adjungo sæpius ad laudem atque virtutem naturam sine doctrina quam sine natura valuisse doctrinam. Atque idem ego

contendo, cum ad naturam eximiam atque illustrem accesserit ratio quædam conformatioque doctrinæ ; tum illud nescio quid præclarum ac singulare solere existere. Ex hoc esse numero, quem patres nostri viderunt.

Tamen, hanc animi remissionem humanissimam ac liberalissimam judicaretis. Nam cæteræ neque temporum sunt, neque ætatum omnium, neque locorum : hæc studia adolescentiam alunt.

SEIZE.

Ego multos homines excellenti animo ac virtute fuisse, et sine doctrina, naturæ ipsius habitu prope divino, per seipsos et moderatos et graves exstitisse fateor : etiam illud adjungo, sæpius ad laudem atque virtutem, naturam sine doctrina, quam sine natura valuisse doctrinam. Atque idem ego contendo, cum ad naturam eximiam atque illustrem.

Tamen, hanc animi remissionem, humanissimam ac liberalissimam judicaretis. Nam cæteræ neque temporum sunt, neque ætatum omnium, neque locorum.

VINGT-DEUX. N. 1.

Ego multos homines excellenti animo ac virtute fuisse, sine doctrina, naturæ ipsius habitu prope divino, per seipsos et moderatos, et graves exstitisse fateor; etiam illud adjungo.

Tamen hanc animi remissionem, humanissimam ac liberalissimam.

VINGT-DEUX. N. 2.

Ego multos homines excellenti animo ac virtute fuisse, et sine doctrina, naturæ ipsius habitu prope divino, per seipsos et moderatos, et graves exstitisse fateor; etiam illud adjungo, sæpius ad laudem atque virtutem naturam sine doctrina.

Tamen, hanc animi remissionem humanissimam ac liberalissimam judicaretis. Nam cœteræ.

VINGT-SIX. N. 1.

Ego multos homines excellenti animo ac virtute fuisse, et sine doctrina, naturæ ipsius habitu prope divino, per seipsos et moderatos exstitisse fateor.

Tamen, hanc animi remissionem humanissimam ac liberalissimam.

VINGT-SIX. N. 2.

Ego multos homines excellenti animo ac virtute fuisse, et sine doctrina, naturæ ipsius habitu prope divino, per seipsos moderatos exstitisse fateor.

Tamen, hanc animi remissionem humanissimam ac liberalissimam.

QUARANTE.

Ego multos homines excellenti animo ac virtute fuisse et sine doctrina, naturæ.

Tamen, hanc animi remis

SOIXANTE-DIX.

Ego multos ho-
mines excellenti

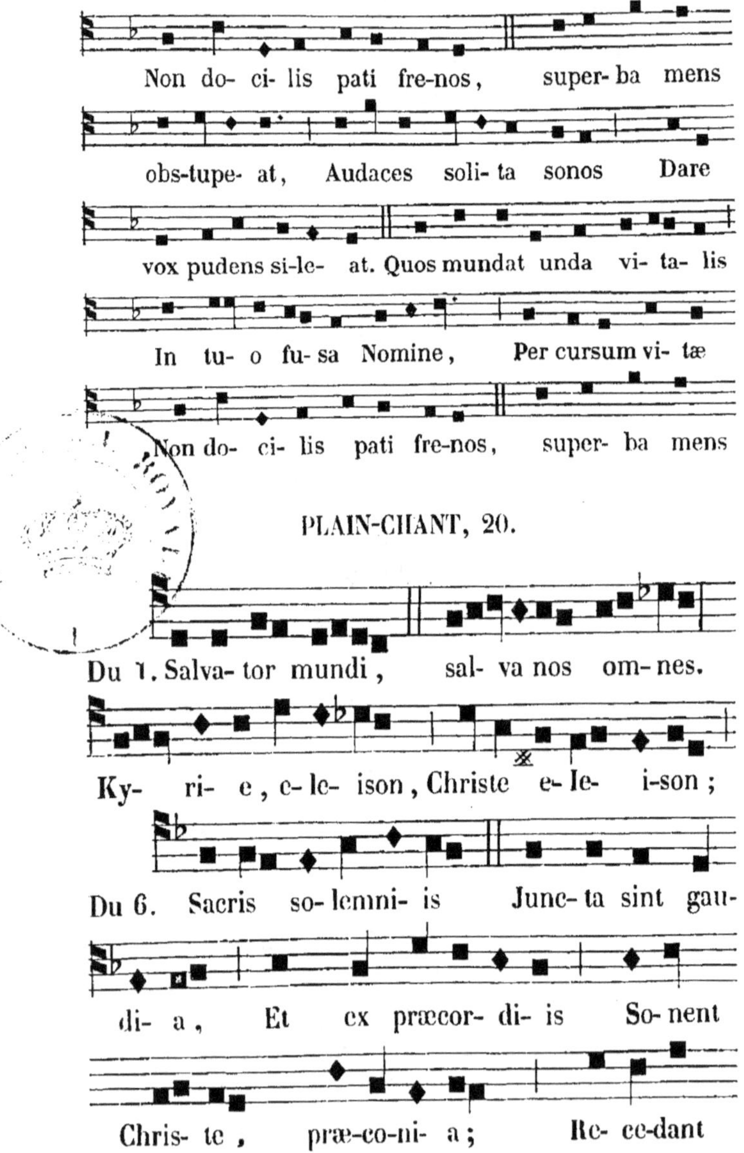

PLAIN-CHANT, 14.

PLAIN-CHANT, 20.

PLAIN-CHANT, 32.

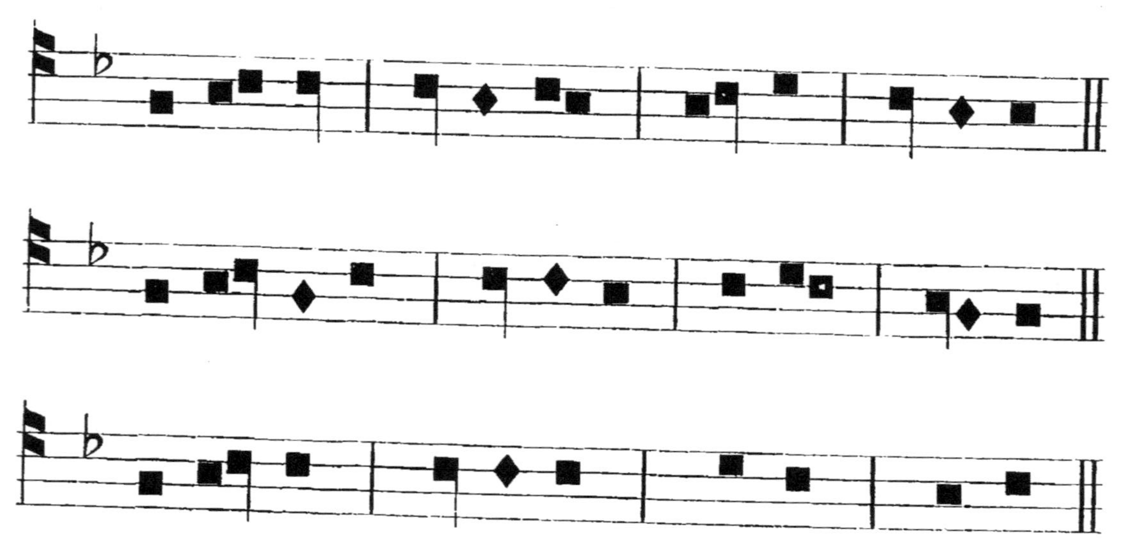

PLAIN-CHANT, 48.

PLAIN-CHANT, 56.

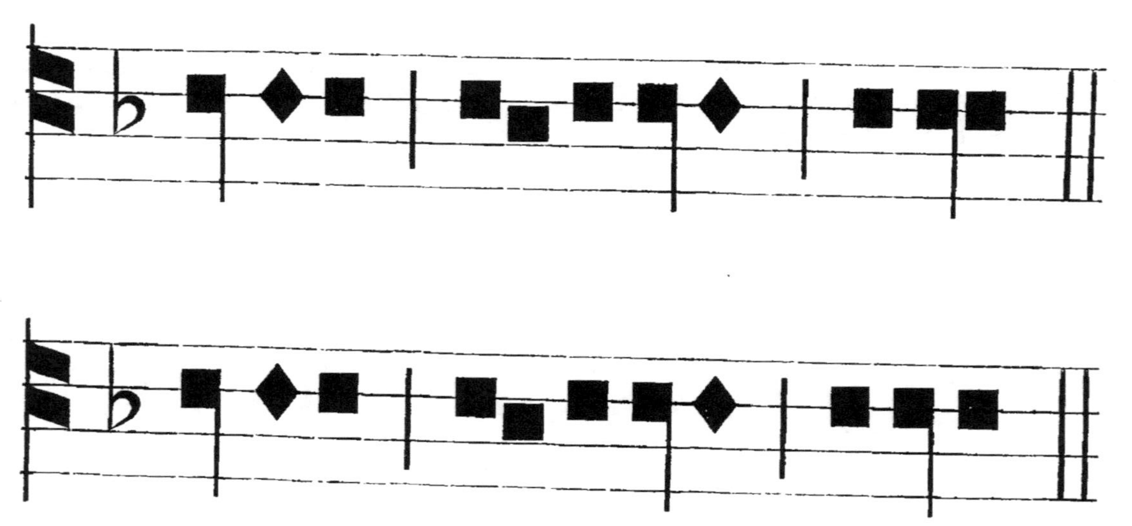

GOTHIQUES.

Corps 8.

Lorsque les soins de la guerre donnaient au célèbre Scipion l'Africain quelques moments de relâche, les letres étaient son unique délassement; il s'y livrait avec tant d'ardeur, qu'il disait souvent qu'il n'était jamais plus occupé que lorsqu'il était de loisir

Celui qui entre dans la carrière des sciences, disait Aristote, doit jeter les yeux sur ceux qui le devancent, et non sur ceux qui le suivent.

PARIS. MARSEILLE. STRASBOURG.

Corps 12.

Lorsque les soins de la guerre donnaient au célèbre Scipion l'Africain quelques moments de relâche, les lettres étaient son unique délassement; il s'y livrait avec tant d'ardeur, qu'il disait souvent qu'il n'était jamais plus occupé que lorsqu'il était de loisir.

BORDEAUX. TOULOUSE. MACON.

Corps 20.

Celui qui entre dans la carrière des sciences, disait Aristote, doit jeter les yeux sur ceux qui le devancent, et non sur ceux qui le suivent.

STRASBOURG.

Corps 12.

Avant l'introduction des machines dans les imprimeries de l'Angleterre, le travail de la presse offrait.

Corps 18.

Rarement une presse pouvait - elle
fournir, à l'heure, cinq cents exemplaires.

Corps 26.

Dans les imprimeries de
journaux très répandus on faisait.

Corps 32.

Cette dépense, pour
un journal tiré à sept.

Corps 40.

Nos voisins d'outre-mer

Corps 54.

Le premier Roi

SIGNES DIVERS.

SIGNES ALGÉBRIQUES, CORPS SEPT ET HUIT.

SIGNES GÉOMÉTRIQUES.

SIGNES DU ZODIAQUE.

PHASES DE LA LUNE.

PLANÈTES.

ASPECTS.

SIGNES ALGÉBRIQUES, CORPS NEUF ET DIX.

SIGNES GÉOMÉTRIQUES.

SIGNES DU ZODIAQUE.

PHASES DE LA LUNE.

PLANÈTES.

ASPECTS.

SIGNES DU ZODIAQUE.

SIGNES DIVERS.

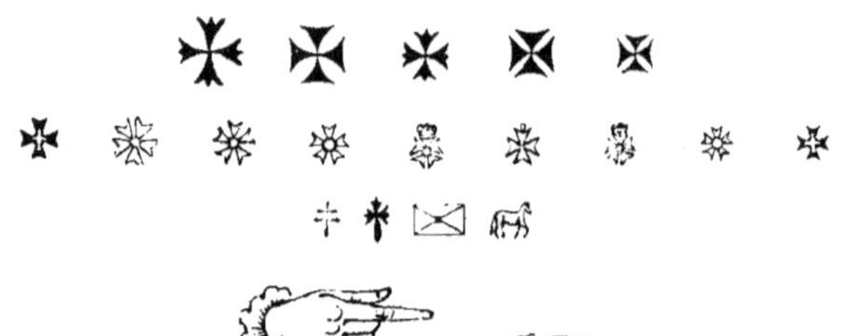

LONGUES , BRÈVES ET DOUTEUSES.

ă ē ī ŏ ū ȳ ǽ   ă ĕ ĭ ŏ ŭ ȳ ă   ă ē ĭ ó ŭ ȳ ă

ā ē ī ō ū ȳ ǽ   ă è ĭ ŏ ŭ ȳ ă   ă ĕ í ó ŭ ȳ ă

Nous en avons sur tous les corps.

INITIALES ORNÉES.

Corps 11.

CORNEILLE MOLIÈRE VOLTAIRE

Corps 16.

CASIMIR DELAVIGNE

Corps 20.

FRÉDÉRIC SOULIÉ

Corps 20.

EUGÈNE SUE

Corps 22.

ALEXANDRE DUMAS

Corps 32.

VICTOR HUGO

INITIALES ALLONGÉES.

Corps 10.

COMMENCEMENT

Corps 16.

COMMENCEMENT

Corps 24.

EMPEREUR

Corps 32.

EMPEREUR

VIGNETTES.

FILETS ANGLAIS.

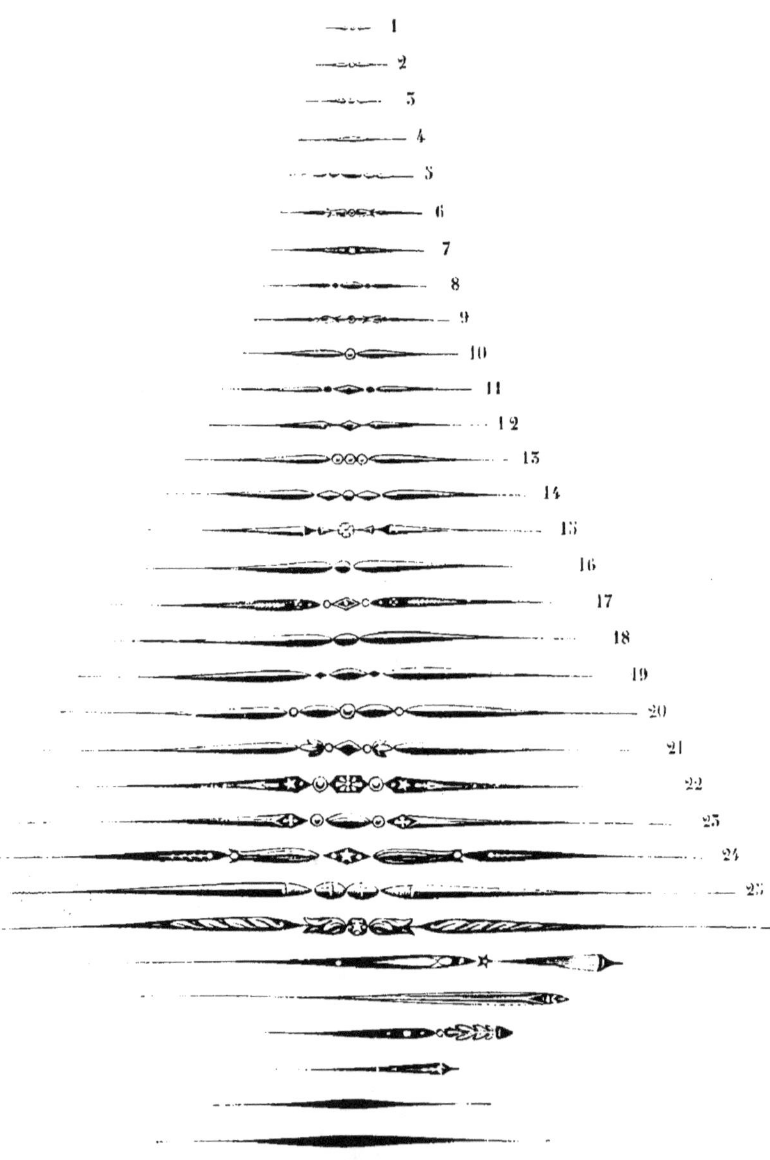

ACCOLADES DE TROIS POINTS.

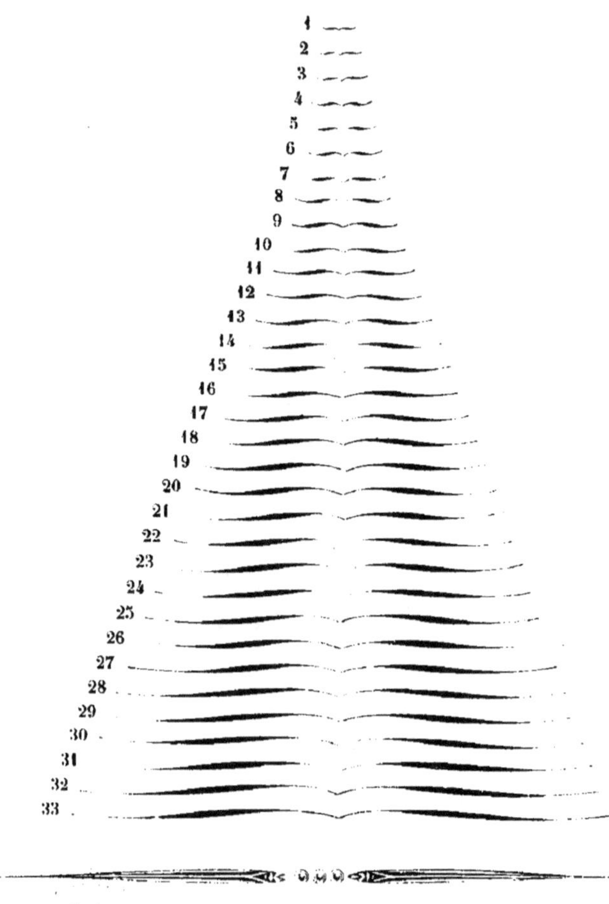

FILETS EN LAMES.

Corps 2, 3 et 4.

1
2
3
4
5

Corps 6.

6
7
8
9
10
11
12
13

Corps 8 et au-dessus.

14
15
16
17
18

FILETS EN LAMES.

AZURÉS.

VIGNETTES.

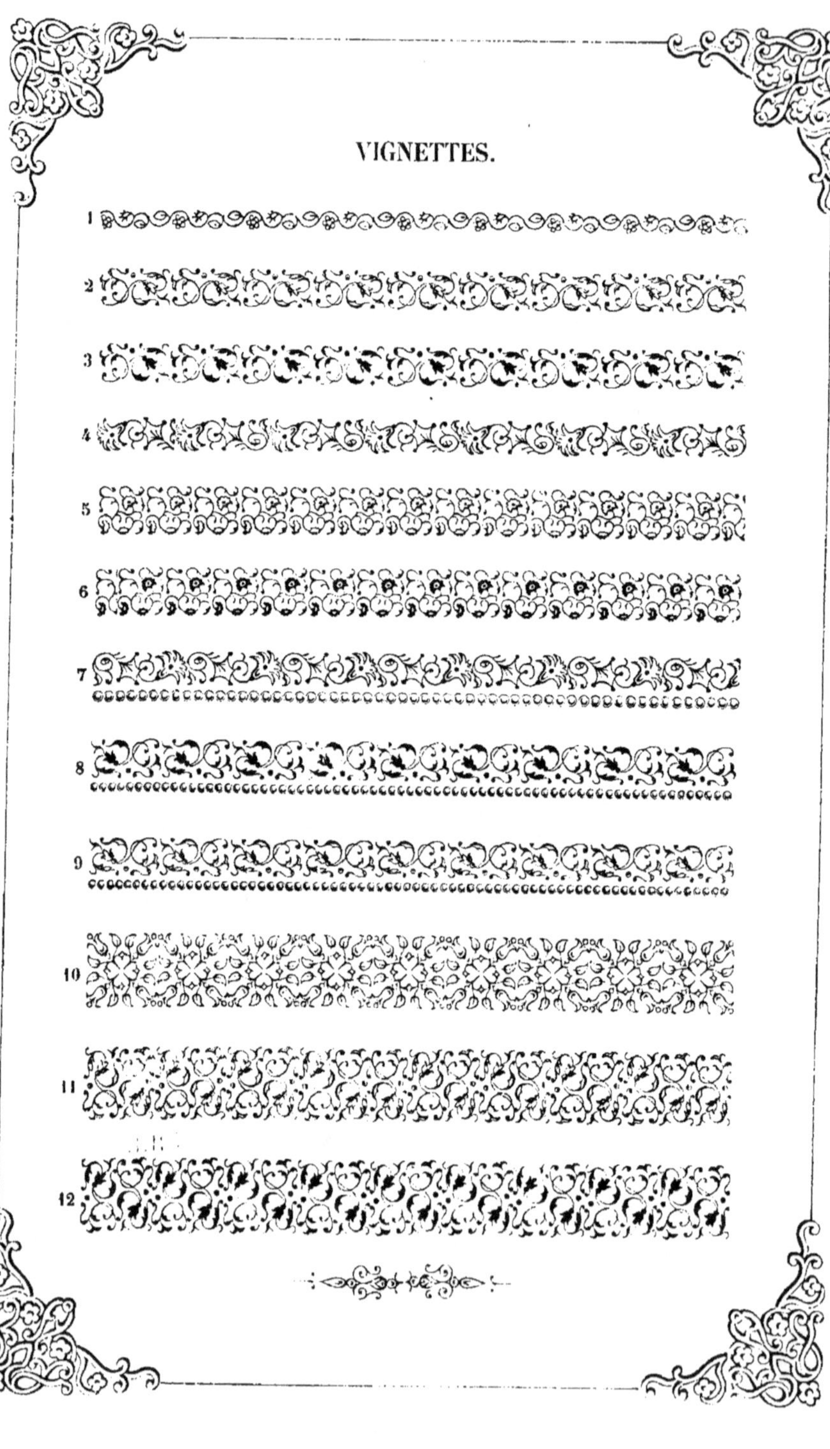

VIGNETTES.

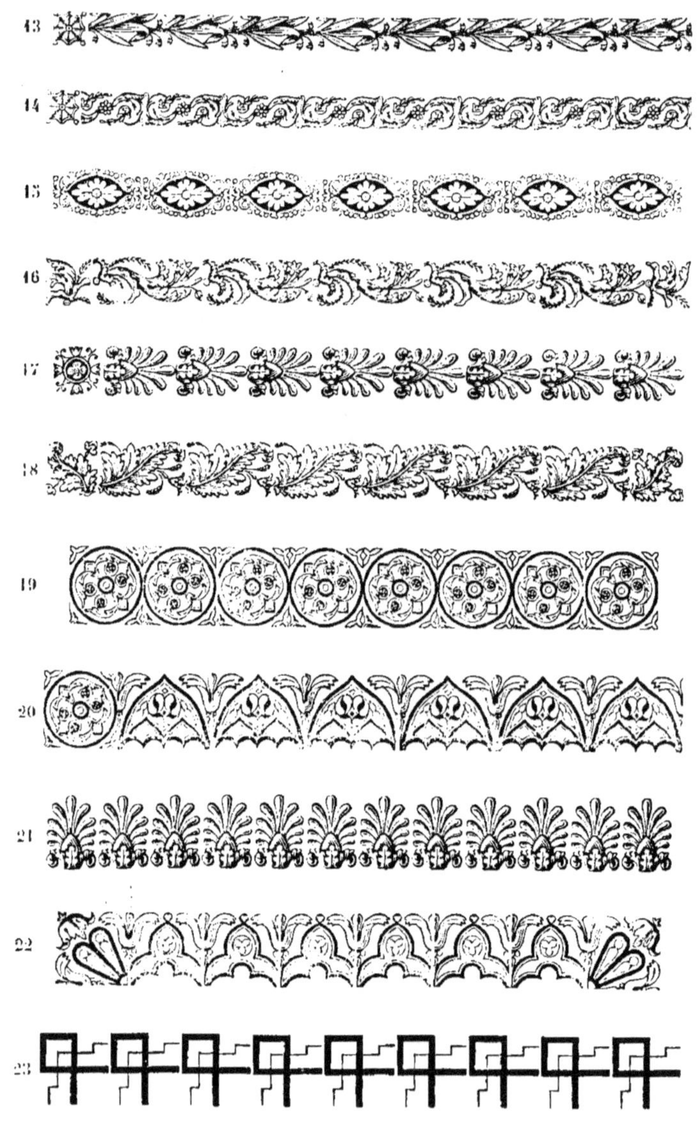

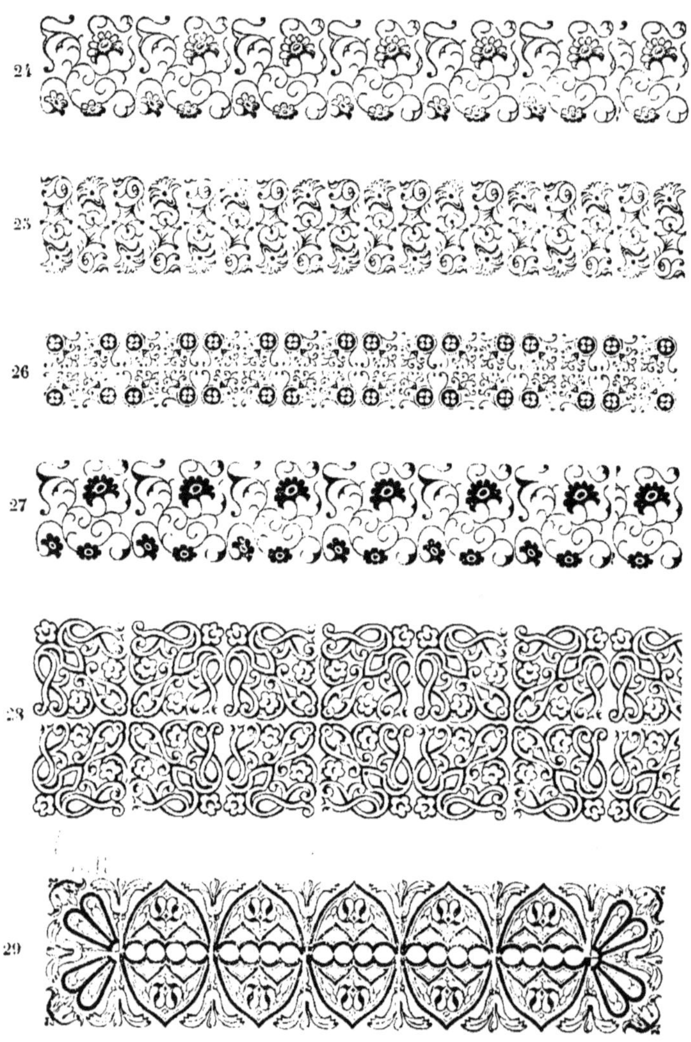

24
25
26
27
28
29

COINS.

VIGNETTES.

INITIALES ORDINAIRES.

Corps 12.

COMMENCEMENT.

Corps 14.

COMMENCEMENT.

Corps 16.

COMMENCEMENT.

Corps 20.

COMMENCEMENT.

Corps 24.

COMMENCEMENT.

Corps 28.

COMMENCEMENT.

Corps 32.

COMMENCEMENT.

Corps 36.

COMMENCEMENT.

Corps 40.

COMMENCEMENT.

Corps 44.

COMMENCEMENT.

Corps 48.

COMMENCEMENT.

Corps 56.

COMMENCEMENT.

INITIALES ÉGYPTIENNES.

Corps 6.

INCONSTITUTIONNELLEMENT.

Corps 10.

COMMANDEMENT INDISTINCT.

Corps 16.

MADRID. BARCELONE.

Corps 20.

REMBOURSABLE.

Corps 30.

HOMMAGES.

Corps 36.

MENTEUR.

INITIALES GRASSES.

Corps 6.

INDÉNOMINIEUSEMENT DÉMANQUABLEMENT

Corps 8.

GRAMMATICALEMENT DIFFÉREMMENT

Corps 9.

COMMENCEMENT.

Corps 11.

COMMENCEMENT.

Corps 12.

COMMENCEMENT.

Corps 16.

ADMIRABLEMENT.

Corps 20.

HORACE VERNET.

Corps 24.

COMMENCEMENT.

Corps 28.

COMMENCEMENT.

Corps 36.

CONCEVANT.

ACCOLADES DE SIX POINTS.

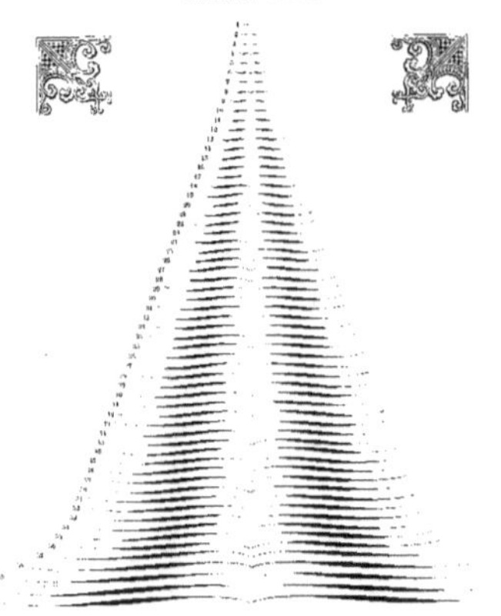

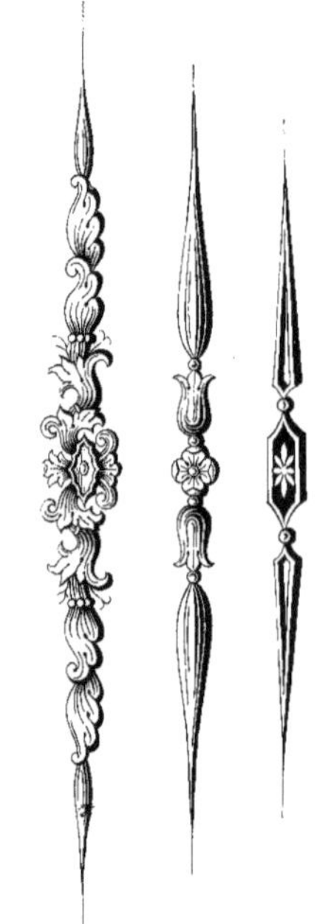

12 1234567890

16 1234567890

20 1234567890

24 1234567890

28 1234567890

32 1234567890

36 1234567890

40 1234567890

44 1234567890

48 1234567890

56 1234567890

16 1234567890

20 1234567890

24 1234567890

36 1234567890

56 2345678

CHIFFRES DES INITIALES ÉGYPTIENNES.

28 1234567890

40 23456789

56 234678

HOMME

MARIA

SEPT
BAC